# COMPLEXO DE VIRA-LATA

# MARCIA TIBURI
# COMPLEXO DE VIRA-LATA
## ANÁLISE DA HUMILHAÇÃO BRASILEIRA

4ª edição

Rio de Janeiro | 2024

© Marcia Tiburi, 2021

---

CIP-BRASIL. CATALOGAÇÃO NA PUBLICAÇÃO
SINDICATO NACIONAL DOS EDITORES DE LIVROS, RJ

T431c
4ª ed.

Tiburi, Marcia
   Complexo de vira-lata : análise da humilhação brasileira / Marcia Tiburi. – 4ª ed. – Rio de Janeiro : Civilização Brasileira, 2024.
   195 p.: il.; 18 cm.

   ISBN 978-85-200-1418-9

   1. Psicologia política. 2. Brasil – Condições sociais. 3. Minorias – Condições sociais – Brasil. I. Título.

21-68452

CDD: 320.01981
CDU: 32:316.6(81)

---

*Diagramação*: Abreu's System

*Crédito das imagens*: Theodoor Galle (a partir de Johannes Stradanus). "A Descoberta da América", em *Nova Reperta*, c. 1600, Gravura de Philips Galle, 27 x 20 cm. (The Metropolitan Museum of Art.); Royal Danish Library, GKS 2232 kvart: Felipe Waman Puma de Ayala, "Nueva corónica y buen gobierno" (c. 1615); Desenho 147. Royal Danish Library, GKS 2232 4º: Felipe Waman Puma de Ayala. "El Ynga pregunta al español qué come. El español responde: 'Este oro comemos'". (p. 369 [371]; desenho 147); Atahualpa, c. 1500 – 12.8.1533, Imperador inca 1527-1533, assassinado por espanhol, gravura em cobre, "Nueva corónica y buen gobierno", por Felipe Waman Puma de Ayala. INTERFOTO/Alamy Stock Photo.

Todos os direitos reservados. É proibido reproduzir, armazenar ou transmitir partes deste livro, através de quaisquer meios, sem prévia autorização por escrito.

Texto revisado segundo o novo Acordo Ortográfico da Língua Portuguesa.

Direitos desta edição adquiridos pela
EDITORA CIVILIZAÇÃO BRASILEIRA
Um selo da
EDITORA JOSÉ OLYMPIO LTDA.
Rua Argentina, 171 – Rio de Janeiro, RJ – 20921-380 – Tel.: (21) 2585-2000.

Seja um leitor preferencial Record.
Cadastre-se no site www.record.com.br
e receba informações sobre nossos
lançamentos e nossas promoções.

Atendimento e venda direta ao leitor:
sac@record.com.br

Impresso no Brasil
2024

*Ao meu pai, que, numa tarde qualquer,
sentado na varanda da casa que ele construiu
com as próprias mãos, me disse:
"Eu sou um homem humilhado."*

*A todos os que foram marcados pela humilhação.*

"*Wayna Qhapaq: '¿kay quritachu mikhunki?'*
*(¿Este oro comes?)*
*Candia: 'Este oro comemos.'*"

Silvia Cusicanqui, *Ch'ixinakax utxiwa: una reflexión*
*sobre prácticas y discursos descolonizadores*

## SUMÁRIO

*Prefácio* — 11

Jogos de intersubjetivação — 15
Circuito da humilhação — 24
Apequenamento — 29
Política da humilhação — 34
A hipnose colonial — 39
América ou a falsa identidade — 44
Psicogeopolítica da colonização — 51
Esquartejamento — 56
Intrusos — 60
Não-amefricanos — 65
Colonização digital — 71
O conceito do termo *complexo* — 75

| | |
|---|---:|
| Fórmula ou matriz | 84 |
| Tanatografia | 95 |
| Desejo de matar | 103 |
| Édipo africano | 107 |
| Complexo de Colombo | 110 |
| Olho grande | 117 |
| Destino subjetivo | 123 |
| Expulsão e sequestro | 128 |
| Ferida | 131 |
| Adulação | 140 |
| Ouro | 144 |
| Complexo de vira-lata | 154 |
| Conclusão | 181 |
| | |
| *Referências bibliográficas* | 184 |

# PREFÁCIO

*Complexo de vira-lata* nasce na urgência de uma análise sobre a humilhação colonial. Sua tese fundamental é que a humilhação é uma práxis, ou seja, uma ação que é, ao mesmo tempo, uma produção mental, teórica e linguística, emocional e afetiva. Uma vez que é produção subjetiva e intersubjetiva, a humilhação define-se como uma racionalidade e uma lógica, uma moral e uma estética presentes na vida humana, a sustentar a desigualdade social.

A humilhação foi interiorizada pelas pessoas e institucionalizada em nível social e político por meio da colonização, que não é apenas coisa do passado. É ela que sustenta a guerra de classes dos ricos contra os pobres e explica a submissão e a obediência de todos diante das injustiças até hoje.

Este livro busca expor a lógica, a moral, a estética e a política da humilhação por meio de uma constelação, na qual o arranjo dos capítulos pretende levar leitoras e leitores a refletir pouco a pouco. Revela-se tanto o método da análise filosófica em jogo, suas bases interdisciplinares ligadas à psicanálise, à história, à literatura e a outras áreas quanto conteúdos e efeitos dessa configuração essencial do psicopoder, ao qual inimigos da democracia tentam submeter seus defensores.

Cada tópico abordado relaciona-se com o outro para além de um programa linear, mas, mesmo assim, sugiro que a leitura se dê do começo para o fim do livro. Como em uma viagem de montanha-russa, que começa com uma velocidade baixa, avança até o pico, passando por algumas voltas radicais, e desce com calma para poder aproveitar bem a experiência de tensão e enervamento que ela suscita. Digo isso porque gostaria que o nexo entre a epígrafe e o último capítulo fosse o tempo da viagem no interior da nave que o livro é.

Por uma questão de estilo, não dividi o livro em partes, mas para leitoras e leitores atentos serão visíveis dois momentos: o primeiro, que trata da humilhação e da colonização, e o segundo, que aborda os temas complexo de vira-lata e complexo de Colombo.

Com a intenção de trabalhar a filosofia a partir do concreto, propus categorias que, apresentando o fenômeno da humilhação, nos aproximassem dos nossos trauma desde o genocídio latino-americano, com a invasão europeia e a escravização dos povos africanos. Daí a importância do conceito *complexo de Colombo* como panorama do *complexo de vira-lata*. A incomunicabilidade – a impotência para o diálogo, que se tornou evidente nos últimos tempos de fascistização em países como o Brasil – é marca que constitui a colonização, nossa infeliz matriz intersubjetiva.

Complexo de vira-lata foi escrito como um processo de busca pela verdade em tempos nos quais o manifesto ódio à verdade vem destruir as chances de se construir uma comunidade humana. Desde 2016, este trabalho vem sendo apresentado, em diversos estágios de elaboração, em contextos de diferentes universidades americanas e europeias. Conferências em universidades e aulas na Universidade Paris 8 sobre Filosofia Latino-Americana me ajudaram a avançar na pesquisa que deu origem a este livro. Devo agradecer imensamente a Renata Ferreira, que melhorou muito a versão em inglês do meu texto, e a Letícia Féres, com sua preparação sempre muito cuidadosa do livro em português. Agradeço também a

Livia Vianna, minha querida amiga e editora, que acompanhou de perto a produção de mais este trabalho.

*Marcia Tiburi*
*Paris, 21 de dezembro de 2020,*
*no 1.013º dia do assassinato*
*de Marielle Franco; dia mais curto*
*do ano no hemisfério norte*
*e mais longo do ano no hemisfério sul do planeta Terra.*

## JOGOS DE INTERSUBJETIVAÇÃO

Quem já andou de cabeça baixa com medo de encarar pessoas que se faziam passar por melhores que os outros? Quem já sentiu o peso do desprezo no olhar do outro sobre seu corpo? Quem já se sentiu diminuída ou diminuído? Quem se deparou com a pergunta *quem você pensa que é?* ou com a afirmação *você sabe com quem está falando?* Quem teve vergonha da própria roupa? Quem se viu na obrigação de servir alguém por ser mulher? Quem já foi abordado pela polícia por ser negro? Quem já foi tratado como *vagabundo*? Quem já sentiu vontade de se esconder? Quem, fazendo uso de cadeiras de rodas, já foi impedido de entrar em lugares públicos? Quem, precisando de acesso à língua de sinais, de leitura labial ou de uma audiodescrição, ficou simplesmente excluído dos processos de comunicação?

Quem já foi xingado por ter cometido um erro? Quem sofreu perseguição por suas ideias políticas? Quem sofreu *bullying* na escola? Quem foi torturada ou torturado pela polícia? Quem, tendo sido abusada, assediada e violentada por ser mulher, foi também tratada como culpada? Quem já foi barrado em lugares nos quais só entram VIPs? Quem ainda tem que esconder sua sexualidade por receio do que os outros possam pensar ou fazer? Quem já deixou de denunciar um assédio moral ou sexual por medo de perder o emprego? Quem se sente obrigado a obedecer por medo? Quem já foi descartado de um trabalho porque sua aparência física foi considerada inadequada ao cargo? Quem já vestiu a carapuça do zé-ninguém e se tornou uma pessoa infeliz por isso?

Em todas essas situações é o poder, na forma da humilhação, que se faz presente. A humilhação é a mais antiga forma de um tipo específico de poder, o psicopoder. Ou seja, é o cálculo que o poder faz sobre a mentalidade e a sensibilidade, sobre a forma de ser e de aparecer das pessoas, que atinge a sua subjetividade e, assim, o todo do seu ser. A humilhação é a ação pela qual se mede o outro, colocando-o na posição de objeto, para rebaixá-lo. Se prestarmos atenção em nossa vida cotidiana, veremos o desenrolar de uma verdadeira fenomenologia da humilhação. Um mapa geral dos momentos em que somos humilhados ou humilhamos, em que percebemos a humilhação e nos contrapomos a ela ou não. A cultura da humilhação está dada, e ela convida à cumplicidade.

Em sua forma básica, a humilhação se dá como menosprezo, ou seja, como diminuição do valor ou da importância de alguém.[1] O menosprezo, ação linguística pela qual o outro é apequenado, implica uma espécie de lógica da medida pela qual pessoas e coisas são tornadas comparáveis. Surgem os melhores e os piores, os *bons* e os *maus*, assim definidos conforme interesses e necessidades dos produtores de discursos, eles mesmos donos dos meios de produção da linguagem que interferem na produção da subjetividade, ou seja, do que pensamos e sentimos e do que nos move a agir.

A humilhação é um jogo de intersubjetivação pelo qual afetamos e nos deixamos afetar uns pelos outros. Entendo por jogos de intersubjetivação os processos

---

1. Fiódor Dostoiévski, em *Humilhados e ofendidos* constrói uma trama na qual os pobres são marcados pela humilhação e os ricos são livres de ressentimento. O personagem do velho e seu cão, no começo da narrativa, reúne uma imagem da humilhação crônica que encontramos em profusão, infelizmente, na vida real.

pelos quais nos tornamos quem somos a partir do que os outros fazem conosco e do que fazemos com eles. Evidentemente, há simetrias e assimetrias nas relações que precisam ser compreendidas, já que estamos falando de uma lógica da mensuração que atravessa as relações humanas.

Todos participam de jogos de intersubjetivação, que se confundem com jogos de poder, sejam deles conscientes ou não. O que Hegel chamou de *dialética do senhor e do escravo*[2] é um jogo de intersubjetivação, ou seja, um jogo pelo qual somos colocados em um determinado lugar uns pelos outros. Nas sociedades em geral, podemos falar de dois tipos de jogos de intersubjetivação. Se, de um lado, há o jogo da humilhação – ou seja, de opressão e submissão, em que somos medidos uns pelos outros –, quando somos submetidos ou submetemos alguém, por outro lado, existe também o jogo de reconhecimento,[3] pelo qual assumimos o outro como um semelhante.

---

2. HEGEL, G.W.F. *Fenomenologia do espírito*.
3. Muitos pensadores já trataram do tema do reconhecimento como, por exemplo TAYLOR, Charles. *Argumentos filosóficos*, p. 241.

As polarizações morais, éticas e políticas experimentadas em muitas sociedades neste momento têm relação com essa estrutura de *jogo*. Muitas pessoas gostariam de viver no jogo de reconhecimento, que implica amor, amizade, respeito e outros elos positivos para com os demais. Contudo, há muitos que se regozijam com a barbárie, pois a maldade, a injustiça, o sofrimento alheio, o ódio trazem diversas compensações emocionais. Nesse contexto, muros de silêncio, carregados com o cimento da certeza e os tijolos do fundamentalismo, são erguidos em todas as sociedades e impedem o jogo do reconhecimento.

Ora, no jogo de reconhecimento, uma sociedade democrática, na qual ninguém deveria ser inferiorizado ou diminuído, estaria garantida. Mas, infelizmente, o jogo do reconhecimento não é interessante para todos em sociedades caracterizadas, em seu conjunto, pela desigualdade – econômica, social, de gênero, de raça, de plasticidade física geradora de capacitismo. Nessas sociedades, vive-se como em um jogo de vôlei no qual times adversários jogam em lados opostos de um muro de silêncio e a bola permanece apenas de um lado, com o apoio do juiz, deixando o outro lado estupefato e sem saída.

O estupor[4] é um tipo de produção psíquica fundamental nesse processo, pelo qual se fica perplexo e sem ação diante do que outros são capazes de fazer. Nem mesmo a consciência quanto à verdade pode ser suficiente para livrar do estupor as pessoas que pensam estar em um jogo, enquanto seus adversários estão, na verdade, jogando um outro jogo apenas entre si e excluindo aqueles que acreditavam integrar a partida. Os excluídos do jogo deveriam permanecer iludidos de que haviam sido convidados. Não percebiam que estavam sendo mantidos em campo na condição de cativos e que o campo se assemelha, excetuando as distintas proporções de violência, ao de concentração. Deveriam ainda permanecer à disposição para o que fosse preciso, até que chegasse a sua vez de jogar.

É evidente que o time ao qual a bola nunca chega está sendo diminuído em seu valor e enganado. Ele está sendo humilhado, mas até que perceba e resolva tomar uma atitude, terá sido objeto de piada e regozijo alheio. Esse time pode ainda ter alguma utilidade prática. É o que acontece com os escravos digitais que todos somos, na

---

4. CUSICANQUI, Silvia Rivera. *Ch'ixinakax utxiwa: una reflexión sobre prácticas y discursos descolonizadores*.

condição de usuários de redes sociais, elas mesmas organizadas como jogo. Quando pensamos estar simplesmente participando de um jogo de entretenimento, na verdade estamos trabalhando de graça para que grandes empresas ganhem muito dinheiro. Quem é escravizado é humilhado, e quem é escravizado sem o saber é humilhado também. Ser enganado é ser diminuído em seu valor, é ser humilhado. Os procedimentos capitalistas não têm nenhum escrúpulo ao operar desse modo.

Na sociedade atual, é preciso lutar para que o jogo de reconhecimento vença o jogo de humilhação. Mas o jogo de humilhação se tornou estrutural. Violência física e simbólica foram até agora a base de uma perversa pedagogia usada contra as classes chamadas de "minorias", incluídas as classes marcadas por gênero e sexualidade. A própria expressão *minorias* remete a um método de humilhação. Os grupos identificados como "menores" são assinalados como fracos. Por trás desse termo há populações inteiras heterodenominadas e acostumadas a serem tratadas como *humildes* e *simples*. Nessa linha, *pobre*, *mulher*, *periférico*, *indígena*, *negro*, *deficiente* são expressões naturalizadas. Elas ocultam o processo histórico e social pelo qual foram construídas. Se tais grupos se definem por uma identidade, não falta quem os menospreze, até mesmo dentro do campo progressista da luta. Isso acontece quando tais grupos são chamados de *identitários* em um sentido pejorativo, como se possuir uma identidade não implicasse fazer parte do todo – e como se sua reivindicação fosse uma excrescência. São diminuídos como minorias e são diminuídos novamente como identitários. Trata-se novamente do jogo em que menosprezar, menorizar, rebaixar, constitui uma verdadeira catábase[5] social, pela qual os poderes em ação mandam todos os que lhes desagradam aos infernos.

Ora, as vezes em que fomos humilhados, ou seja, menosprezados e diminuídos, nos marcaram profundamente. A humilhação mata alguma coisa em nós, por isso podemos dizer que ele é o primeiro grau da eliminação de alguém; o assassinato é o último grau. Entre o menosprezo e a morte, há uma linha na qual transitam intensidades de violências. Todas implicam o apagamento, o silenciamento, a invisibilização, a negação até a eliminação completa do outro. É a atividade dos afetos negativos – da inveja, do ódio e do medo – que está na

---

5. Na literatura, é um termo usado para falar da descida aos infernos. Mas pode se referir a qualquer tipo de descida.

base desse emaranhado de processos. Ao ato de colocar em prática esses conteúdos subjetivos, sejam eles pensamentos ou sentimentos, sejam crenças ou ideologias, podemos chamar de *circuito da humilhação*.

## CIRCUITO DA HUMILHAÇÃO

Quem, na vida cotidiana, faz uso de poderes quaisquer com a intenção de *colocar alguém no seu lugar*, de *reduzir à insignificância*, nada mais faz do que pôr em prática procedimentos da humilhação padronizada. A humilhação tem a estrutura de um trauma na vida daqueles que a sofrem. Ela é uma experiência inapagável. Ao funcionar como uma lâmina que abre a carne, a humilhação se instaura como um fato indelével no interior do corpo-espírito humilhado.

A humilhação restringe a vida. Ela impõe um limite àquele que é por ela tocado ou está na sua mira. Por mais que uma ferida possa ser curada, ela deixa a sua cicatriz. Há pessoas que sentem vergonha das cicatrizes das quais foram vítimas, que sentem vergonha da própria humilhação sofrida, enquanto os algozes causadores de tais cicatrizes se regozijam. Há uma cultura da humilhação que elogia o humilhador e ajuda a humilhar as vítimas. A cultura do assédio e a do estupro, que constituem o patriarcado, fazem parte disso.

Um círculo vicioso se organiza a partir de papéis assumidos em elos sadomasoquistas, que podem se tornar duradouros nas microrrelações cotidianas e intersubjetivas, como veremos adiante. Mas note-se que esse jogo intersubjetivo se torna estrutural, ele se expande até que a sociedade inteira se veja dividida entre humilhadores e humilhados. Não por acaso, é a mesma que alguns louvam como uma sociedade de vencedores e vencidos.

A humilhação se organiza como um circuito no qual é fácil enredar-se, porque sua força é constritora. A humilhação é estrutural, mas isso não quer dizer que seja insuperável. Ela só funciona porque é levada a cabo por alguém, seja no machismo, no racismo, no capacitismo (preconceito relacionado às desabilidades), no esteticismo (preconceito quanto à aparência) ou no burguesismo que pratica a aporofobia[6] (preconceito em relação aos pobres). A humilhação é um padrão de relacionamento

---

6. CORTINA, Adela. *Aporofobia, a aversão ao pobre: um desafio para a democracia.*

– praticado por pessoas concretas em uma estrutura social que está na base de toda a violência simbólica[7] existente – e de violência simbólica, que se expande como violência física.

Os calouros de escolas e faculdades que passam pelo trote são obrigados a aceitar o xingamento, a intimidação, a coerção e, no limite, o linchamento, que é o extremo do ato de humilhar. O que se chama de *bullying* nada mais é do que uma prática de humilhação naturalizada desde a cultura infantil e juvenil submetida à instituição escolar, que causa efeitos decisivos na vida dos atingidos. Do mesmo modo, um homem, quando espanca uma mulher, o faz autorizado a humilhá-la, ou seja, a reduzi-la ao nada. O feminicídio vem a ser o último ato que coroa um processo de humilhação, ou seja, de menosprezo, rebaixamento e diminuição, até o completo apagamento pela morte.

A humilhação é uma práxis, ou seja, uma ação que é, ao mesmo tempo, produção intersubjetiva. Nesse sentido, é uma racionalidade e uma lógica que está no coração de processos institucionalizados. A humilhação

---

7. BOURDIEU, Pierre. *Sur l'État. Cours au Collège de France (1989-1992).*

está na base das instituições, do casamento à família, da escola ao sistema de justiça, da Igreja ao Estado. O que se chama de dominação, de controle, de disciplina, de poder ou violência não tem como instaurar-se sem a tática da humilhação. A humilhação é um tipo de exercício pelo qual o outro é transformado em nada. Se a exploração para fins econômicos coisifica a existência do outro, a humilhação nadifica.

Pela humilhação se convence o indivíduo de sua nulidade na prática. Ela está na construção da raça, da classe, do gênero, de toda a desigualdade que há no mundo e que move o sistema ideológico-econômico capitalista.

Seres humanos buscam ao longo da vida relações livres de humilhação e podem talvez alcançar algum grau de libertação dos violentos processos intersubjetivos em contextos particulares. Porém, não há nenhuma chance de participar da esfera pública na condição de subalterno, ou seja, não privilegiado, sem ser em algum momento, vítima da humilhação sob formas mais sutis ou mais violentas. A cidadã e o cidadão humilhados são os indivíduos subalternizados, os indesejáveis,[8] o lúmpen,

---

8. CASARA, Rubens R R. *Estado pós-democrático: neo--obscurantismo e gestão dos indesejáveis.*

a ralé, os marcados para desaparecer, para não existir, mesmo que tenham que ser mortos para isso. Eles não participam de jogos de reconhecimento. E, quando conseguirem organizar os seus, serão rebaixados por isso por aqueles que se consideram melhores do que eles e sem identidade, já que ocupam o lugar dos seres essenciais e universais.

A humilhação é uma tática contra pessoas em particular, mas também contra povos inteiros. Podemos dizer que a nossa intersubjetividade – ou seja, o todo das relações que experimentamos e que nos formam – está definida por processos nos quais a sujeição de uns pelos outros exerce um papel fundamental. A colonização, interiorizada e transformada em modo de agir, une as pessoas, colonizadores e colonizados, humilhadores e humilhados, em um elo perverso, um elo sadomasoquista, em que sofrer e fazer sofrer constitui uma espécie de pacto.

# APEQUENAMENTO

Silvia Cusicanqui, uma das principais pensadoras bolivianas e latino-americanas, pode nos ajudar a entender a violência epistemológica própria da humilhação como categoria válida para a análise do poder. Em seu livro *Ch'ixinakax utxiwa*, citado na epígrafe deste livro,[9] atribui a Waman Puma de Ayala[10] o que ela chama de *sociologia das imagens* ou uma *teoria visual do sistema colonial*, que nos permite compreender a história da humilhação.

Em uma das gravuras de Puma de Ayala, um pequeno índio aparece diante de seus pares indígenas ao redor

---

9. CUSICANQUI, Silvia Rivera. *Op. cit.*
10. Veja algumas gravuras do artista na página com imagens deste livro.

da mesa pegando restos de comida dos ricos espanhóis aos que ele serve na condição de escravo. Os termos que Cusicanqui usa são *jisk'achasiña* ou *jisk'achaña* que ela traduz por *empequeñecimiento*, algo que "se associa à condição humilhante da servidão".

Na visão de Cusicanqui, o índio *empequeñecido*, diante de seus semelhantes, é a imagem do "itinerário psicológico da dominação". A *pequeñez social* e o ato de *abajar el lomo* (abaixar a cabeça ou curvar-se) são marcas do fundo moral e da penúria coloniais. A "internalização dos valores do opressor" não seria possível sem a utilização da tática do psicopoder que é apequenar os outros, presente na história das explorações e na mais radical das experiências exploratórias que constitui a história humana, a saber, a colonização das Américas, ou desse lugar que podemos hoje chamar de Abya Yala, acompanhando os povos andinos sobre os quais falaremos mais adiante.

É a partir do "itinerário psicológico da dominação" que Cusicanqui fala quando se refere à internalização dos valores do opressor. Na visão da pensadora, as imagens desenhadas por Puma de Ayala são tão importantes que, refletindo sobre elas, se pode entender o sentido do verdadeiro estupor que tomou conta da população naquela época. Para Cusicanqui, foi o estupor – que podemos entender hoje como uma técnica de psicopoder – que fez com que os milhares de soldados incas perdessem a batalha para um exército espanhol de apenas 170 homens. Cusicanqui não deixa de acreditar no *pachakuti*, ou seja, na revolta e na renovação do mundo, como, aliás, vimos acontecer na Bolívia depois do golpe de 2019. Contudo, a revolta não acontecerá sem muito trabalho, sem que tenhamos consciência de como o mundo foi colocado de cabeça para baixo.

Em Puma de Ayala se encontra a expressão do estado catastrófico da realidade "mundo ao revés" (*el mundo al revés*), o mundo invertido, de cabeça para baixo, o negativo que remete à sensação de distopia atual. Podemos entendê-lo como desordem e confusão implantadas pela colonização. Se pensarmos no caso dos golpes de Estado perpetrados contra o Brasil e a Bolívia (respectivamente 2016 e 2019), golpes cinicamente mascarados de democracia, bem como de seus líderes aprisionados ou perseguidos sem justificativa, estaremos revendo processos de revés do mundo. Líderes fascistas que exercem tiranias em diversos países nesse momento da história buscam *desnortear* e *desorientar* o povo, forçando-os a vivenciar o *deslugar* distópico e não o *não-lugar* utópico.

Muitos desses líderes fazem discursos delirantes e conquistam adesão de muita gente em um processo de evidente produção de loucura coletiva. É como se o mundo estivesse de cabeça para baixo.

A colonização é um mundo invertido, cujo absurdo aconteceu e continua acontecendo. A sensação de distopia que temos hoje deriva disso. Na colonização os sujeitos colonizados são obrigados a viver como se seu próprio corpo não lhes pertencesse. Isso foi naturalizado nas relações intersubjetivas perversas entre homens e mulheres, entre brancos e negros, entre colonizadores e colonizados. O caso da escravização é paradigmático, pois o corpo é roubado de sua liberdade, medido e pesado, avaliado como mercadoria e obrigado ao trabalho forçado, a fazer o que não deseja mediante violência física.

O caso das mulheres é igualmente paradigmático, a sociedade patriarcal sempre mediu as mulheres como seres menores em relação aos homens. Não apenas as mulheres precisariam de proteção enquanto seres fracos, mas também deveriam fazer o esforço de parecer fracas emocional e fisicamente, isto é, intelectualmente e na prática. A menoridade jurídica e social foi construída a partir da naturalização da violência. Para isso, foi preciso diminuir o poder econômico das mulheres e impedir que percebessem sua condição de classe explorada já na própria vida privada. Para isso, todo um aparato estético foi movido envolvendo padrões de beleza e de comportamento que se apresentaram como sedutores, escamoteando assim a sua humilhação. Pessoas marcadas por preconceitos étnicos e raciais padeceram sob a mesma fábrica estética de corpos.

# POLÍTICA DA HUMILHAÇÃO

Se não conseguimos construir algo em comum, uma democracia, uma comunidade humana ou meros consensos é porque estamos atravessados por processos ligados à humilhação que implicam não apenas os patamares éticos da vida em comum, mas também os patamares políticos e geopolíticos. A humilhação é o processo concreto que impede a construção de qualquer laço emancipatório. Seres humanos são seres que ocupam posições na vida, na experiência de seu corpo, devido a contatos, trocas e espelhamentos com outros seres humanos. Uns se referem aos outros por meio de pronomes e assim vão construindo o espaço *entre* eles. O lugar *entre* é o que alguns teóricos hoje chamam de *comum*.[11] O que é

---

11. NEGRI, Antonio. *Bem-estar comum*; LAVAL, Christian; DARDOT, Pierre. *Común: ensayo sobre la revolución en el*

comum também pode se tornar banal,[12] e parece ser esse o destino dos valores democráticos em nossos dias.

Precisamos inscrever a humilhação na história, pois ela não é uma abstração e nem um simples efeito moral sem maiores consequências. A humilhação se tornou uma tecnologia política. É uma estratégia de sucesso na produção de diversos tipos de conquistas, mesmo as que se vendem como sedução, e podem até parecer agradáveis aos desavisados. O assédio que as campanhas de marketing produzem em escala mundial são um tipo de humilhação, uma submissão à qual só se pode escapar com um intenso processo de produção de consciência e de autorrespeito. Mas só é necessário produzir autorrespeito quando justamente não se está sendo respeitado pelos outros. E quem não é respeitado se encontra submetido ao circuito da humilhação.

A humilhação nos assalta com a colonização. A colonização praticou a humilhação durante um longo pro-

---

*siglo XXI*; FEDERICI, Silvia. "O feminismo e as políticas do comum em uma era de acumulação primitiva". In: MORENO, Renata (org.). *Feminismo, economia e política: debates para a construção da igualdade e autonomia das mulheres.*
12. TIBURI, Marcia. *Filosofia prática. Ética, vida cotidiana, vida virtual.*

cesso histórico que chega ao tempo presente visando a atingir a capacidade de pensar e de sentir do corpo colonizado. Em um processo de dominação sem-fim, a vida de nações inteiras foi exterminada e continua sendo danificada. Povos são transformados em massa irreflexiva e insensível, submissa e obediente, por meio da contínua vampirização psíquica e moral que constitui a ação colonizadora que não se sustentaria sem táticas de humilhação.

Existem sujeitos especializados nesse trabalho. Essa ação é parte da estratégia econômica que conhecemos como capitalismo. Ela é visível na ação dos donos dos meios de produção do capital, de líderes religiosos, de líderes políticos e midiáticos. Todos eles são donos dos meios de produção da linguagem e fabricam tipos de humilhação, como: a humilhação econômica por meio da exploração do corpo e pela produção da desigualdade, com práticas de ostentação diária da riqueza de uns diante da extrema pobreza de outros; a humilhação religiosa presente na intolerância e no abuso econômico da fé (o que torna evidente que a humilhação religiosa é também econômica); a humilhação da inteligência pelos meios de comunicação submersos na cultura e no mercado da desinformação (o que torna evidente que a humilhação midiática, que é também humilhação cognitiva e intelectual, está evidentemente ligada à econômica); a humilhação da justiça pelo judiciário (ele mesmo a serviço da mídia e do sistema econômico), e assim por diante.

Ora, a humilhação é justamente um jogo de linguagem, um dispositivo simbólico que atua sobre a vida concreta. O minúsculo corpo humano, o indivíduo que sofre sob a humilhação é, ele mesmo, o objeto do processo político que historicamente se organiza como colonização.

A colonização é um gigantesco projeto que se confunde com a política da humilhação. A colonização implantou em nós a humilhação por meio da própria humilhação, ou seja, ela nos lançou no círculo vicioso da humilhação, entre o sadismo e o masoquismo, no qual humilhar e se deixar humilhar se combinam organicamente. Em países reconhecidos como *subdesenvolvidos*, cidadãos são humilhados diariamente por oligarcas ricos que sequestram a política e a economia que deveriam servir a todos; cidadãos são humilhados pelo racismo, para os quais a raça é uma arma de guerra; pessoas são humilhadas pelos agentes do Estado, que, devendo defender o Estado de direito e a democracia, colaboram para sua destruição, nas instâncias institucionais diversas. As pessoas são humilhadas pelas Igrejas, que extorquem dinheiro de gente pobre em processos diabólicos disfarçados de salvação. Todos são humilhados em sua inteligência e sensibilidade também pelas corporações midiáticas que vendem falsas notícias e desinformação como mercadoria.

Neste contexto, todo agente do sadismo – seja o padre, seja o apresentador do jornal televisivo – se apresenta travestido de herói. O *herói* implica uma vítima a ser salva. A vítima, por sua vez, deve se sentir e se posicionar como um corpo fraco à espera de um corpo forte que pode ser simplesmente o do homem branco de paletó e gravata. A humilhação é apresentada como se fosse um bem, seu papel é restabelecer a ordem do sistema de violência que deve ser interiorizado pelas pessoas como se ele não fosse a sua desgraça.

# A HIPNOSE COLONIAL

A colonização age sobre pessoas transformando-as em seres colonizados, o que só é possível por meio de processos de humilhação, cujo fundamento tem algo de místico. O homem engravatado impõe ser chamado de *doutor* por todos que não usam a mesma indumentária que ele; invasores exigem ser chamados de heróis, conquistadores e descobridores pelos povos transformados em massa ao terem sua identidade e sua singularidade sequestradas por agentes da violência colonial. Se pesquisarmos desde a origem esses processos de obediência e violência, encontraremos a imposição mística daquele que se coloca no lugar da autoridade sem nenhum fundamento que não seja a força.[13]

---

13. DERRIDA, Jacques. *Força de lei*. A questão do fundamento místico da autoridade está presente no texto de Montaigne

Colonizados são aqueles que perderam suas formas de ser e de viver para a colonização. Para obter êxito, a colonização se impõe por meio de figuras poderosas, canônicas, sacerdotais, especializadas em colocar a si mesmas e os seus interesses como a verdade a ser seguida. Homens engravatados, padres e pastores são os personagens de uma produção performativa[14] que se impõe e vence esteticamente, levando os demais à imitação de um padrão. A colonização como método implica imitar o colonizador, o *senhor*, o dono do poder, o *rico* para tentar sair da posição humilhada. A saída individual soa para muitos como *mérito* e surge a *meritocracia* como ideologia que visa a perpetuar a humilhação pela qual uns são medidos como fortes e competentes em si mesmos, desconsiderando por completo os fatores econômicos que influenciam em suas supostas vitórias sociais.

---

(*Ensaios*, livro 3, capítulo 13). Jacques Derrida a utiliza para mostrar que a lei não é o resultado de um compromisso, mas de uma força. Aceitamos a lei porque ela é a lei.
14. Analiso o tema da performatividade política nos livros *Ridículo político*, *Delírio do poder* e *Como derrotar o turbo-tecnomachonazifascismo*.

A colonização é um processo que implica uma matriz subjetiva prévia a ser estampada em cada indivíduo *conquistado*. Ela é um parâmetro instaurado no todo da linguagem, seja ela verbal, corporal, imaginária, simbólica, artística ou científica. A atitude colonial implica a criação de visões de mundo, de denominações e de marcações preconceituosas em um circuito a ser imitado. Colonizadores e colonizados entrelaçam seu destino como dominantes e dominados, senhores e escravos, algozes e vítimas.

Por meio da colonização, o colonizador faz com que o colonizado se veja como um indivíduo que não vale nada. É comum que o colonizado, após interiorizar a humilhação colonial, se sinta alguém ao reproduzir a postura do colonizador, interiorizando preconceitos, discursos de sujeição do outro e aplicando o que ele aprendeu em outrem. O sujeito da colonização passa a submeter outrem, mesmo que um dia ele já tenha sido um colonizado e tenha sentido a dor da submissão.

Colonização implica a colonização mental e a colonização histórica e material. São dois lados da mesma moeda. Nos dois formatos, o objetivo é retirar de cada corpo a memória, a capacidade de pensar, o senso de pertencer a uma comunidade, bem como a criatividade de produzir sentido individual e coletivamente. É o psicopoder, anteriormente referido, atrelado ao poder econômico, que entra em ação contra as pessoas por meio de todas as instituições coniventes.

A colonização é uma matriz obsedante. Ela é produzida como hipnose administrada. A relação do colonizador com o colonizado é de obsessão, de controle contínuo, o que o colonizador faz com as terras e as pessoas é o mesmo que um *gaslighter*[15] faz para enlouquecer uma mulher. Trata-se de uma vampirização psíquica, social e econômica profundamente violenta. É um jogo de poder que leva a um projeto de mundo no qual os demais não podem ter seu próprio projeto. Trata-se de um processo em que não há nenhuma liberdade, mesmo quando se utiliza da sua retórica, como ocorre no neoliberalismo.

A hipnose não é uma ação sobrenatural, mas linguística e que se constrói a partir de repetições e imposições forçadas de termos e frases de efeito. Como uma lei que

---

15. O termo *gaslighter* se refere ao praticante de *gaslighting*, que significa a manipulação ou abuso mental de homens para com as mulheres. O termo *gaslight* vem sendo usado desde que a peça de teatro homônima, escrita por Patrick Hamilton, foi adaptada para o cinema, com direção de George Cukor, em 1944.

se impõe misticamente, sem que se compreenda o motivo pelo qual é aceita. Esta lei não é mais do que uma espécie de golpe (no sentido de pancada) que produz efeitos políticos apenas porque foi realizado. A carga de mistificação é alta. Uma lei precisa da linguagem e da força de lei para se impor. Contudo, a linguagem em si é terra de ninguém. E é aí que os colonizadores atuam mesmo quando precisam fazer uso da violência. Se não fosse assim, Cristóvão Colombo não teria que apelar tanto a *Deus* e os padres não precisariam vir às Américas persuadir indígenas como fazem até hoje os pastores das Igrejas do mercado neopentecostal.

## AMÉRICA OU A FALSA IDENTIDADE

Colombo denominou *índios* às pessoas que encontrou em sua chegada a Guanahani, hoje El Salvador, em 1492; o cartógrafo Martin Waldseemüller, em 1507, nomeou de *América* o continente alcançado nas expedições, ambos os atos são momentos de um mesmo caso paradigmático de hipnose colonial que vem durando no tempo.

Em primeiro lugar, pesa ao longo da história, e em nosso presente, o gesto de Colombo chamar de *índios* os habitantes que ele encontrou e que tinha seu nome próprio. Seu gesto linguístico, de uma violência até então desconhecida e historicamente naturalizada, é incomparável e até hoje indigerível. Essa violência simbólica fundamental ao processo colonizador está enraizada em nossa subjetividade, ou seja, no sentimento do que somos.

As violências epistemológicas são difíceis de compreender, mas as entendemos bem quando somos xingados, quando somos alvo de mentiras, calúnias, difamações que nos fazem parecer o que não somos ou o que não reconhecemos como nossa identidade: uma mulher tratada com os signos do machismo, uma pessoa trans chamada pelo nome que ela repudia, uma pessoa heterodenominada pelos signos do racismo e assim por diante. A nomeação dos povos com um nome que não lhes dizia respeito é, originariamente, uma ofensa irreparável. É, além de tudo, produção de uma falsa identidade.

Em segundo lugar, não sabemos se Vespucci adaptou seu nome (Alberico ou Amerigo) para Américo depois do batismo do continente por Waldseemüller, mas é um fato que o continente ficou submetido a essa inicial violência simbólica. Associada à ideia de *descoberta*, a violência seguiu duplicada e naturalizada. É certo que do ponto de vista europeu se trata apenas de uma *descoberta* e do ato de dar nome àquilo que se *descobre*, como se a coisa *descoberta* estivesse vazia de identidade. Do ponto de vista de quem foi invadido em seu território, tendo sido violentado, escravizado, vilipendiado e assassinado, o intruso representa a chegada da catástrofe. É evidente o conflito entre olhares que foi historicamente vencido pela narrativa dominante. Quem domina a narrativa é aquele que, em todos os tempos, é dono dos meios de produção da linguagem. A prova disso é que até hoje, povos colonizados usam termos impostos pelos colonizadores. A hipnose contínua é reproduzida sistemicamente como se ela não pudesse ser interrompida.

Em terceiro lugar, a representação do continente com a imagem de uma mulher indígena, que vemos nas gravuras de artistas do século XVI (Stradanus e Galle),[16] é a prova visual da ideologia colonial. Ela mesma a unidade entre patriarcado e capitalismo. Trata-se de uma alegoria da colonização em que o elemento hipnótico está presente. Nua, deitada sobre uma rede, América é representada como uma mulher na iminência de ser conquistada.[17] O corpo está ao alcance do invasor euro-

---

16. Veja a gravura *Descoberta da América*, de Jean-Théodore de Bry na página com imagens deste livro.
17. Silvia Federici trata da questão da caça às bruxas na Europa, da perseguição e escravização dos povos indígenas nas Américas e da ideologia cientificista patriarcal, que negou todos os saberes dos mais diversos povos. Desses saberes, Federici ressalta a necessidade de conferir à imagem de Sicorax a devida importância, em sua visão, até mais essencial do que a imagem de Calibã

peu apresentado como alguém que simplesmente chega. O corpo é metáfora do território, coisa feminina, passiva e capturável. Esse tipo de imagem, apresentada como se não oferecesse problemas, como se fosse algo da ordem da verdade, produz uma persuasão historicamente duradoura e fundamental à colonização. O fato de que territórios e seres que neles habitavam tenham sido *usados* em suas condições carnais, materiais e corporais pelo *homem-branco-europeu*, a partir de jogos estéticos que atingem radicalmente o psiquismo, é a verdade que temos que enfrentar.

---

abraçada pelos pensadores cubanos, pelo menos desde o famoso ensaio sobre Calibã de Roberto Retamar. Ver FEDERICI, Silvia. *Calibã e a bruxa. Mulheres, corpo e acumulação primitiva*, sobretudo o capítulo 5; e RETAMAR, Roberto Fernández. *Pensamiento anticolonial de nuestra América*, sobretudo o ensaio "Caliban" (1971). Importante cotejar a análise de Federici e as proposições de ecofeministas como SHIVA, Vandana, em *Monoculturas da mente: perspectivas da biodiversidade e da biotecnologia*; e GEBARA, Ivone. *Intuiciones ecofeministas*. Não é à toa que uma expressão canhestra como *ideologia de gênero* tenha surgido em um encontro de bispos no Peru. Caçar estudiosas de gênero é uma atualização da velha caça às bruxas, que conhecemos bem. O cerco patriarcal se reorganiza a cada vez que se faz necessário. Ver TIBURI, Marcia. "The Functionality of gender Ideology in the Brazilian Political and Economics Context". In: FOLEY, Conor. *Spite of You: Bolsonaro and the New Brazilian Resistance*.

Desde a ação fundacional da colonização, através da invasão e da marcação identitária por um nome alheio e estranho, a terra e os povos que nela habitavam são definidos por uma distorção, ou por uma grande e hipnótica mentira. Na origem das Américas e da condição indígena está esse erro e essa violência epistemológica que foi mundialmente naturalizada. Vivemos, desde então, o paradoxo de sermos definidos por palavras que não nos representam.

A colonização é um sequestro completo da existência e da potência dos povos por ela visados. A colonial incapacidade de ver no outro um semelhante e de entender de maneira aberta outras culturas, outras visões de mundo, outros corpos e seus outros modos de ser e de viver, é o cerne do modo de pensar e da ação colonizadora que é imposta transformando seres humanos e não humanos em presas de uma visão de mundo alienante e escravizadora.

Cientes dos jogos de linguagem envolvidos nos processos de colonização, e no que podemos chamar de recolonização neoliberal, vários povos começaram a assumir outro nome para designar seus territórios, escapando assim da violência epistemológica inaugural das Américas. O pensador cubano José Martí se esforçava por recuperar a noção de território próprio com a expressão *Nuestra América*.[18] Em um impulso teórico semelhante, surge o termo *Améfrica* de Lélia Gonzales[19] para falar sobre a *amefricanidade*. A expressão Abya Yala,[20] que significa terra em plena maturidade, foi ado-

---

18. Para um aprofundamento nesse tema ver RETAMAR, Roberto Fernández. *Pensamiento anticolonial de nuestra América*.
19. GONZALEZ, Lélia. "A categoria político-cultural de amefricanidade". In: *Tempo brasileiro*, pp. 69-82; p. 78.
20. Abya Yala é o termo que os povos Kuna do Panamá dão ao continente em sua totalidade. Surgido em Dulenega nos anos 1970, o nome significa *"la tierra en plena madurez"*. "Os Kuna acreditam que existem quatro ciclos de vida que desenvolveram o planeta Terra: Kualagun Yala, Tagargun Yala, Tingua Yala, e Abia ou Abya Yala. Hoje, estamos vivendo o último ciclo de vida. Depois que os Kuna ganharam um processo para impedir a construção de um shopping em Dulenega, eles empregaram o termo Abya Yala diante de repórteres para se referir ao continente americano em sua totalidade. Depois de ouvir esta história, Takir Mamani, líder aimara boliviano, e Tupak Katari, um dos fundadores do movimento de direitos indígenas na Bolívia, sugeriram que os povos indígenas e as organizações indígenas usassem o termo Abya Yala em suas declarações oficiais para se referir ao continente americano. Ele argumenta que reconhecer e "colocar nomes estrangeiros em nossas aldeias, nossas cidades e nossos continentes é equivalente a submeter nossas identidades à vontade de nossos invasores e seus herdeiros". ESCALANTE, Emilio Del Valle. "Self-Determination: A Perspective from Abya Yala". In: McGlinchey, Stephen. *International Relations. E-International Relations*, 2014.

tada pelos povos andinos há alguns anos e busca construir a devolução do lugar próprio ao seu povo.[21]

Assim os povos colonizados, humilhados pela colonização, ao serem colocados hipnoticamente em um lugar conceitual e epistemológico que não seria o seu, em um deslocamento que só é possível pela lógica da medida, por uma operação mágica de nomeação, acabam por se livrar da magia, ou da hipnose colonial imposta. As táticas de nomeação são táticas de hipnose linguística de valência política, elas produzem o *estupor* no qual os colonizados e vítimas em geral de processos violentos são colocadas. Despertar do estupor é o caminho a ser encontrado urgentemente.

---

21. Penso no Brasil que era chamado de Pindorama pelos povos que já viviam no território antes da colonização. Vários outros nomes foram usados pela colonização portuguesa até que se tenha firmado o termo Brasil, a partir da resina cor de brasa extraída do pau-brasil, que remete a outras histórias míticas que estão na origem do nome da árvore e do país.

# PSICOGEOPOLÍTICA DA COLONIZAÇÃO

A colonização é um processo que une o passado e o futuro, ou seja, ela se atualiza em contínua atuação sobre nossa vida. Somos herdeiros do processo histórico da colonização (cuja descolonização, segundo Fanon, também deve ser histórica)[22] que, em seu plano linguístico, se define por um conjunto de operações mentais e estéticas que leva os colonizadores e a população colonizada a determinadas posições psicopolíticas e, sem dúvida, psicogeopolíticas. Romper com isso, implica produzir um "programa de desordem absoluta", nas palavras de Fanon, contra a lógica, a ordem e o sistema organizados em termos de geopoder, ou seja, do cálculo que o poder faz sobre os territórios.

---

22. FANON, Frantz. *Os condenados da Terra*, p. 26.

Por psicogeopolítica da colonização podemos entender uma forma de relação em que entra em jogo o lugar que habitamos e o modo como somos vistos uns pelos outros. Se trata de entender o efeito sobre pessoas relacionado ao modo como o *norte* vê o *sul*. Se trata de entender como são construídos os preconceitos relacionados a regiões inteiras como o do Ocidente sobre o Oriente,[23] ou do Sul sobre o Nordeste brasileiro e seus habitantes, ou da Europa e dos Estados Unidos sobre o Brasil, ou sobre a África, ou sobre a China, ou sobre Cuba. Se o geopoder define o modo como se produzem as imagens dos territórios para melhor dominá-los, o que podemos chamar de psicogeopoder implica a forma como pessoas e populações são afetadas pela fábrica de preconceitos construídos. É de visões de mundo e de construções conceituais baseadas em preconceitos administrados geopoliticamente que estamos falando.

Espaço e tempo pesam sobre todos os colonizados. Nesse sentido, a distância cultural e emocional que se vive no Brasil em relação ao continente latino-americano é um problema mais que cultural. Ele é psico-

---

23. SAID, Edward. W. *Orientalismo: o Oriente como invenção do Ocidente*.

geopolítico e tem relação direta com a colonização que se perpetua na incapacidade de elaborar as dores históricas relativas à nossa complexa origem enquanto brasileiros e brasileiras.

Desde a violência inaugural que também implica o genocídio dos povos ancestrais, podemos dizer que somos constituídos a partir de um trauma originário. Diante da impossibilidade de elaborar o passado, a compreensão do tempo presente e do espaço como lugares de convívio estão prejudicados. A pergunta básica *de onde viemos?* deve ser respondida tendo em vista a ruptura original e o sentimento mal resolvido quanto ao que somos e de onde viemos, situação que está na base de tudo o que vivemos hoje.

Uma matriz colonizadora forma a subjetividade e a vida concreta, material e histórica que dela deriva. Se desejamos uma vida democrática e livre de autoritarismo, a matriz colonizadora que nos enreda feito teia venenosa precisa ser superada. Esse foi o esforço de pensadores que dedicaram a vida a projetos arrojados como o da filosofia da libertação[24] contra as filosofias da submissão ou da dominação.

---

24. DUSSEL, Enrique. *Filosofia da libertação*.

Nas filosofias da dominação podemos ver muito do que vem sendo chamando aqui de humilhação. A misoginia e o racismo de muitos filósofos do chamado cânone da filosofia ocidental serve para sustentar posições políticas e econômicas sobre ódios relativos a gênero e raça. Projetos como o de Enrique Dussel,[25] ou de Frantz Fanon e Aimé Césaire, visaram a colocar a questão geopolítica na centralidade do debate sobre a possibilidade da própria descolonização. Isto é, a questão geopolítica tem efeitos indeléveis sobre a subjetividade e alimenta o círculo vicioso da humilhação colonial.

No neoliberalismo, colonizadores externos associam-se a colonizadores internos e seguem suas práticas de destruição de países, territórios e povos. É a colonização sempre renovada que evolui velozmente sob o regime econômico neoliberal. Pensadoras e pensadores dos mais diversos países se esforçam para superar o lado teórico e epistemológico desse legado de exploração e humilhação. Do México à Argentina, de Cuba ao Peru, da Bolívia à Martinica, do Uruguai ao Equador, e inclu-

---

25. Em *Filosofia da libertação*, Dussel reconstitui aspectos da história geopolítica e geoeconômica do mundo relacionado-os ao desenvolvimento da filosofia, isto é, retirando-a do lugar de um universal abstrato e sem história.

sive no Brasil, a riqueza teórica e reflexiva se confronta sempre com uma academia conservadora, mas muitos seguem em frente reconhecendo a interculturalidade e as novas subjetividades e epistemologias que surgem em processos históricos de luta teórica e prática, na ação de pensadores ativistas e de ativistas pensadores de todos os países e territórios.

## ESQUARTEJAMENTO

Outro conceito-metáfora de Silvia Cusicanqui nos ajuda a entender a relação entre o corpo e o território no contexto da colonização. Se trata do conceito de esquartejamento ou desmembramento. Cusicanqui se refere ao esquartejamento de Tupaq Katari, líder de uma importante rebelião indígena ocorrida em La Paz em 1781 contra as imposições espanholas, e que vem sendo rememorada desde as lutas políticas do começo do século XX na Bolívia.

Cusicanqui conta que a história que se narrou depois desse assassinato está carregada até agora de essencialismos sobre a barbárie e a suposta *irracionalidade dos selvagens*. Nos museus, a cena original da violência contra o corpo de Tupaq Katari apresenta-o como um bandido. Nas palavras da pensadora boliviana, é o ponto de vista de quem olha que define a história: "A cena retrata a solidão do corpo indígena – separado de suas bases comunitárias e amarrado a quatro cavalos – no meio dos carrascos que o cercam. Mas a imagem deve ter ressonâncias diferentes dependendo de quem a olha: para alguns será um índio sanguinário que recebeu o que merecia; para outros, será um corpo desmembrado que um dia se reunirá inaugurando um novo ciclo da história."[26]

A história contada, pela qual se afirma a irracionalidade e a selvageria dos índios, é a prática consagrada da violência epistemológica que esconde a outra violência praticada contra o corpo esquartejado do líder indígena. Esse esquartejamento é conceito-metáfora da colonização. Vemos no trecho citado esse aspecto fundamental da estratégia do esfacelamento. Esfacelado e abandonado à própria sorte, isolado de suas bases comunitárias, o corpo do líder é transformado em nada.

Se uns verão esse corpo como de um indígena que merecia morrer; outros o verão como o corpo que um dia será reunido em um novo ciclo da história. Hoje, o

---

26. CUSICANQUI, Silvia Rivera. *Op. cit*.

lugar na Bolívia onde isso aconteceu está tomado pelo turismo, mas as comunidades aymaras e seus movimentos políticos realizam rituais no local para se preparar para a reunificação do corpo de seu líder assassinado. A violência colonizadora dá lugar a uma forma de luta capaz de superá-la no tempo presente.

Na representação da morte de outro líder, dessa vez Atawuallpa, Waman Puma o desenha sendo decapitado com uma faca por autoridades espanholas.[27] A imagem se repete no caso de Tupaq Amaru I, executado em 1571. Cusicanqui comenta que apenas este último realmente morreu decapitado: o inca Atawuallpa recebeu a pena do garrote, o que foi tratado por historiadores positivistas como sendo um erro de Waman Puma. Cusicanqui tem outra interpretação para essa imagem. Nesse suposto erro, ela vê a interpretação e a teorização do cronista acerca da morte do chefe inca como um verdadeiro "descabeçamento da sociedade colonizada".

Assim como a "decapitação significa profunda desorganização e desequilíbrio no corpo político da socieda-

---

27. Veja algumas gravuras do artista na página com imagens deste livro.

de indígena", os rituais aymaras na atualidade buscam, em torno do horror original, redesenhar o futuro em outra direção, avivando criticamente a imagem traumática através da imaginação ativa.[28] Cusicanqui perceberá a existência de uma teoria iconográfica que mostra o que aconteceu e, ao mesmo tempo, é capaz de ressituar o que foi visto e vivido em nível traumático rumo à construção de uma outra história.

---

28. Alguns povos do Peru e os Huilliches do sul do Chile acreditam que os Atawuallpa irão um dia regressar para governar. No Peru, essa crença é conhecida como o mito dos Inkarri e no Chile como o mito do rei inca Atawuallpa. Segundo este mito, o inca foi desmembrado, sua cabeça enterrada em Cuzco, mas o seu cabelo continua a crescer na direção dos outros membros e um dia o corpo será novamente integrado e Atawuallpa voltará para restaurar a ordem do mundo andino quebrado pela invasão espanhola. É uma espécie de messianismo andino, influenciado pelo cristianismo. Ver PINO, Alberto Tauro del. (2001). "Inkarrí". *Enciclopedia ilustrada del Perú 8*, p. 1284.

# INTRUSOS

É tanto a produção de subjetividade quanto a autocompreensão de si, além da compreensão intersubjetiva – ou seja, aquela que produzimos com outros e que com eles partilhamos – o que devemos ter em vista. Por produção da subjetividade refiro-me à construção de quem somos, ao *sujeito* que somos. Historicamente, certas tradições, como a europeia, chamaram de *sujeito* o indivíduo, o ser que é capaz de pensar e conduzir um raciocínio ou uma visão de mundo a partir de si mesmo.

O conceito de sujeito é complexo, e vamos falar mais dele daqui a alguns capítulos, depois de desenvolver os conceitos de complexo. Contudo, é importante situar desde já o cenário no qual essa questão pode ser colocada. Devemos falar do *sujeito*, desse ser que pensa e é capaz de avaliar o que vive a partir de suas circunstâncias. Leva-se em consideração, portanto, os jogos de intersubjetivação e as condições a partir das quais se desenvolvem tais jogos. Nesse ponto é que podemos inserir o conceito de intrusão para pensar o sujeito que somos depois da catástrofe da colonização.

Em geologia, *intrusão* designa o processo pelo qual uma rocha se cristaliza depois de ter invadido uma outra rocha, que pode vir a se desmanchar pela força da intrusão. A imagem da rocha é metáfora válida para pensar o ponto de partida das relações que se desenvolvem a partir da *intrusão*, outra categoria de análise política que devemos ter em vista.

Há uma lógica da intrusão. Desde que os invasores, eles mesmos colonizadores, construíram sua casa no lugar que não era deles, apropriando-se indevidamente do que não lhes pertencia, passaram a tratar como intrusos os habitantes nativos. Intrusos são excrecências, a saber: demasias, desmedidas, excessos, inutilidades. Mas na lógica do mundo invertido acontece uma basculagem perigosa. Do ponto de vista dessa lógica, que tudo inverte, são os povos nativos que passam a ser tratados como excrecências pelos colonizadores. Na visão e na retórica dos grandes proprietários de terras em todo o Brasil, os destruidores das florestas e de territórios em geral, a floresta não é mais do que uma excrescência, bem como os povos que as protegem.

Do mesmo modo, estrangeiros que vão habitar a Europa ou os Estados Unidos, frequentemente são tratados como intrusos quando, na verdade, apenas voltam ao lugar de origem de seus invasores, muitas vezes de seus próprios ancestrais. A lógica da intrusão não admite a diferença, ela não admite preservação da vida e nem reparação histórica. As necessidades ecológicas da vida e o tempo histórico são apagados para que a cisão originária permaneça favorecendo uns em detrimento de outros. Os colonizadores e seus herdeiros deveriam ter simplesmente gratidão para com os povos originários, mas o que têm é, sobretudo, ódio. No Brasil, os signatários dessa lógica consideram que os povos indígenas já têm *terras demais*. É a lógica do mundo invertido.

A lógica da intrusão é concreta, física, espacial. Mas ela é também mental. Invade-se o espírito, invade-se a linguagem, para garantir a concretude e a continuidade da violência. Foi assim que o erro original da invasão foi usado para acobertar a si mesmo, e, em uma pirueta epistemológica, foi apresentado como acerto. Por isso, desde crianças, muitos ouviram falar de *descoberta* das

Américas, do Brasil e de tantas outras. Sustentando o erro como um acerto, dizendo que os invasores eram *descobridores e heróis*, consegue-se descartar a visão dos invadidos. O objetivo dos jogos psicológicos é sempre acabar com a razão do outro. Esse outro não pode mais reivindicar direitos porque ninguém será capaz de ouvir o que ele fala, uma vez que, de antemão, ele não terá *direito à razão*.

É a lógica da inversão do sentido, pela qual indígenas são tratados como intrusos e como excrecências corporais e culturais. Pela mesma lógica, mulheres são tradadas como intrusas na política. Essa lógica é falaciosa em si mesma, mas é a lógica da invasão e da colonização que define as relações entre os poderosos e os sem poder, entre invasores e invadidos.

Se por *outro* podemos definir a dimensão da alteridade (a natureza, a cultura, a outra pessoa com sua outra mentalidade e corporeidade); se o outro é também o lado não conhecido de nosso desejo, de nosso próprio corpo; se o outro é a figuração da diferença que reside inclusive em nós mesmos, *intruso* é aquele que, da mais íntima perspectiva dos privilegiados, nunca deveria ter aparecido. É assim que hoje as chamadas minorias políticas são tratadas diante da hegemonia do pensamento colonizador. O pobre que vem de um país não rico, o imigrante que tem o direito de sobreviver, o cidadão que tem outra religião, a mulher que grita contra seu algoz tentando escapar de sua violência.

Se o outro está por todo lado atuando de maneira inquietante, inclusive em nós mesmos, o intruso é diante de quem estamos hoje. Ele retorna porque um dia já esteve presente. O intruso é o sujeito de um encontro indesejável. Ele se apresenta a nós como amedrontador, como estranheza inquietante, como o que nos provoca medo, como o inaceitável. Presentificação da distância que deveria ter permanecido longe e, no entanto, se aproximou, o intruso é hoje o outro, mesmo que ele seja apenas aquele que retorna de um processo de violência histórica e ancestral. O intruso é aquele que invadiu algo que é considerado *nosso*, ou *meu*. O intruso é aquele que atravessa o mar, os desertos, sobrevive à violência, à fome, às intempéries e, na condição de *demandante de asilo*, instaura seu corpo e sua vida em território inóspito. É a velha lógica do *mesmo* contra o *outro* que a Europa desenvolve há séculos, desde a filosofia dos estrangeiros-bárbaros para os gregos.

## NÃO-AMEFRICANOS

Nos jogos de intersubjetivação vividos, a nomeação dos corpos e dos territórios produziu e consolidou clivagens difíceis de superar. Habitamos uma ferida histórica e a carregamos em nossa vida, em nossas palavras e nossos gestos linguísticos cotidianos. Todo cuidado é pouco para curar essa ferida, mesmo que a cicatriz não possa ser apagada.

Nesse sentido, é preciso rigor epistemológico para com aqueles que são tratados como intrusos sejam eles mulheres, negros, pobres, pessoas com deficiência ou indígenas. Analisemos o termo *índio* surgido a partir da estupidez de Colombo. Pessoas heterodenominadas por meio da expressão *índios* têm desconstruído o termo que pesa sobre elas, usando seu verdadeiro nome ou por meio da crítica direta ao termo.

Pessoas heterodenominadas com outros nomes impróprios, efeito de silenciamentos de séculos, de palavras sequestradas pelos donos dos meios de produção do discurso, agentes do patriarcado, do racismo e do capitalismo, têm desmontado esse esquema de nomeação. É o velho *furor nominativo*[29] de Colombo que precisa ser cuidadosamente desmontado, e é o que tem sido feito por muita gente que passa a usar seu nome próprio hoje em países como o Brasil.

Tendo isso em vista, o conceito de *índio* é uma invenção autoritária que se expande na histórica hipnose linguística de que somos vítimas, como acontece com os termos *negro*, *mulher*, *pobre* e *deficiente*. Não há nenhuma necessidade de assumir esses termos como verdadeiros ou essenciais *a priori*. Tais termos são invenções dos agentes da opressão, são marcadores de opressão. Foram produzidos pelos donos dos meios de produção dos discursos, que sabem como funciona o mecanismo de *marcar* pela linguagem aquele ao qual pretendem, por meio da marcação, colocar no lugar de um *outro*, um objeto, um inimigo.

---

29. TODOROV, Tzvetan. *A conquista da América: a questão do outro*.

A marcação é um método eficaz de construção do *outro*, que sempre foi usado por igrejas, governos e atualmente é usado também por meios de comunicação. O capitalismo não existiria sem a marcação de pessoas sob os signos de *escravo*, *negro*, *mulher* e inclusive, um termo aparentemente inofensivo, como é o caso de *consumidor*.

A marcação é uma tática de coisificação. Ativistas de todos os campos têm tentado desmontar o efeito das marcações com contramarcações. Tenta-se desmontar o ódio das marcações pelo gesto de assumir a marcação e assim, fazer uso do próprio nome violento como antídoto contra a violência. O processo de ressignificação tem momentos de sucesso, mas também tem seus limites.

O inadequado conceito de índio que vem sendo desconstruído na prática pelos estigmatizados, contudo, nos leva a pensar sobre uma outra figura que emerge em lugares como o Brasil. Enquanto os povos heterodenominados indevidamente como índios vêm autoafirmando seu nome (Xacriabás, Kambebas, Guajajaras, Mundurukus, Yanomamis, Wapichanas, Xavantes, Canindés e muitos outros), há toda uma população que não tem um nome próprio senão o nome dos colonizadores. Trata-se, portanto, de pensar nessa figura do não-índio como forma de ser de uma imensa parte da população brasileira que descende de colonos e praticamente não possui nenhuma relação de ancestralidade com o seu passado.

Por sua vez, os sujeitos que são descendentes de africanos têm a cada dia se conectado mais e mais com sua ancestralidade cultural e religiosa e desenvolvem uma identidade criativa, potente e revolucionária. Os não-índios, contudo, não têm senão a hedionda história da branquitude, da qual muitos se envergonham.

O conceito de amefricanidade, de Lélia Gonzales, ajuda a entender esse espaço habitado por pessoas cuja ascendência está na formação de um elo ancestral e atual entre América (hoje Abya Yala) e África. Não-índio é um termo que podemos substituir pelo não-amefricano. Infelizmente, o não-amefricano lançado no vazio histórico acaba muitas vezes se tornando um anti-índio e um racista como eram seus antepassados colonos que participaram na dizimação dos povos.

Com o termo não-amefricano refiro-me àquela figura que emerge do contato entre os invasores e os invadidos, o indivíduo sem lugar, nem indígena, nem africano e nem europeu, filho de uns e outros, de mães e avós autóctones estupradas por seus próprios pais e avôs europeus, a carregar em seu DNA simbólico a marca inapagável de uma violência originária. Podemos definir pelo termo *não-amefricano* (não-índio e, logicamente, também como não-negro) aquele que recalca o nexo com o seu passado. Por extensão, mesmo que descendente de europeus, ele é o *não-europeu*. Trata-se de um típico habitante da margem. Entre o continente europeu, as Américas e a África, há um oceano que nos serve de metáfora. O *não-índio* vive à deriva, sem jamais encontrar um porto. Quando está no seu chão, ele o vive como se fosse terra de ninguém, e não um território de pertencimento. Falta-lhe a chance de encontrar um passado comum com os povos capazes de reconhecer sua ancestralidade.

Já o sujeito *anti-índio*, ou o *antiamefricano*, é aquele que, sacerdote da barbárie, assume uma postura branca e colonial e desenvolve uma vida a partir dela. Mesmo quando tem antepassados indígenas e negros, mesmo sendo o pobre na mira do capitalismo, prefere se autodefinir ou se autocompreender como *branco* integrado ao sistema, mesmo que objetivamente ele não o seja senão como um otário. Análogo ao racista e machista, análogo ao pobre submisso ao capitalismo, ou ao cidadão de classe média submisso à elite econômica e política, o *anti-índio* dificilmente se torna um *antieuropeu*, por motivos relacionados ao amor de transferência que sujeitos humilhados desenvolvem com seu próprio algoz.

O que o *não-índio* e o *anti-índio* têm em comum é que ambos se situam como *ninguém* para seus opressores. Eles fazem parte de uma pirâmide de violência epistemológica. Para o mundo, além do seu rincão onde o *anti-índio* oprime o outro como um sadomasoquista e colonizador interno, o *anti-índio* não vale nada. Ele não vale para o sistema da colonização que ele mesmo idolatra, no caso, o capitalismo. Ele é o índio de um outro *anti-índio*, o *branco* latino-americano que chega nos Estados Unidos e recebe o mesmo tratamento xenófobo e racista que destinava àqueles que ele considerava inferiores em seu próprio país latino-americano.

## COLONIZAÇÃO DIGITAL

Não-amefricanos e anti-índios vivem sob o efeito da colonização e raramente têm a consciência disso. Essa inconsciência se produz pelo apagamento da condição de opressão e abandono que está na origem geopolítica de sua subjetividade. O apagamento é um método importante para acabar com a memória e com a cidadania de alguém. Elimina-se o que não se desejaria que tivesse acontecido por meio da eliminação de palavras, de diálogos, de falas indesejáveis. Os poderes estabelecidos apoiam práticas de apagamento de tudo o que compromete o poder. O combate à memória em países colonizados é uma prática comum.

Como categoria de análise política, o apagamento revela justamente uma prática da linguagem fundamental na construção de quem somos. Hoje acreditamos que podemos nos livrar daquilo que *deletamos* (do latim *delere* que significa justamente *apagar*) e abrir espaço para outras memórias, sobretudo, com nossos aparatos tecnológicos. Apagamos erros, certamente, e apagamos também a verdade.

A questão do apagamento como prática diária nos confronta com a nossa memória em um mundo de arquivos digitais em que o ato de lembrar se torna a cada dia menos importante.[30] E, nesse caso, temos que nos perguntar se apagar um arquivo de computador, uma postagem nas redes sociais, teria correspondência com o gesto de apagar a memória na vida analógica. Será que nos acostumamos de tal modo com a memória das máquinas que nos tornamos capazes de abandonar a nossa própria memória analógica, a nossa memória viva? Na verdade, é isso o que estamos fazendo com os processos de arquivamento na internet. As empresas que roubam nossos dados para invadir nossa vida trazem esse método de longe. É a colonização digital tão difícil de enfrentar. Nosso corpo e o todo da nossa subjetividade e da nossa linguagem estão sendo colonizados pelas tecnologias a serviço do capital.

---

30. DERRIDA, Jacques. *Mal de arquivo*.

Apagando nossa memória, apagamos a nós mesmos. A negação de si produz um sentimento de inexistência. Transformados em zés-ninguém pelo sistema político e econômico, muitos de nós procuramos um modo de nos tornarmos alguém em meio aos espectros oferecidos pela indústria cultural, seja da comunicação, seja da religião do mercado, seja da corporação capitalista.

A busca por referências, modelos e paradigmas nos quais se espelhar produz delírios autoritários e fascismos. Tipos psicossociais de alto impacto performático são figuras que muitos acabam por imitar. As redes sociais providenciam esse *novo mundo* com seus avatares para mimetizar. O sentimento de pertencimento espectral vem substituir o território concreto perdido e os personagens *míticos* convencem os indivíduos lançados na irreflexividade.

A complexidade da frase *o desejo é o desejo do outro*[31] também se verifica na simplicidade do cotidiano. Imitando astros de televisão ou cinema, imitando o pastor neopentecostal, imitando o chefe da empresa ou pelo

---

31. Essa frase se tornou fundamental na história do pensamento sobre o desejo. Ver KOJÈVE, Alexandre. *Introduction à la lecture de Hegel*.

menos usando uma roupa semelhante ou uma performance parecida, muitos se sentem no caminho certo. Muitos acreditam que o lugar do outro será também o seu, caso imitem bem o modelo. São formas de autoapagamento e nadificação. Diante de líderes políticos, religiosos, midiáticos, muitos acreditam que estão sendo reconhecidos em processos que não passam de identificação projetiva, aquela na qual não há reciprocidade. Contra a própria miséria e autoestima negativa, as pessoas se erigem por mimetização de imagens prontas de personalidades que valem muito no mercado.

Passemos a analisar o nascido nas terras invadidas, quando um novo mundo de pavor e medo se desenhava em uma complexa e dolorosa relação com um passado intragável. Nem o sujeito moderno, nem o não sujeito pós-moderno, o que encontramos agora é aquele que carrega em si uma fratura original. Esse sujeito do medo, apavorado e que evita o próprio pavor aceitando todo tipo de enganação sustenta um sistema no qual ele é a mercadoria e o escravo capturado pelo medo de não existir que às vezes é confundido com o narcisismo.

Nesse ponto, podemos nos dedicar à formulação dos chamados complexos, que podem nos ajudar a entender o cenário da subjetividade e sua história.

# O CONCEITO DO TERMO *COMPLEXO*

O conceito do termo *complexo* nos permite compreender o design da subjetividade. A destruição da subjetividade alcançou um ponto de aceleração assustador e toda a atenção é necessária para fazer frente a este fenômeno. Nesse sentido, o complexo é uma categoria válida para pensar os arranjos e os desnorteios sofridos nos processos de constituição de si.

Categorias de reflexão e análise não devem obedecer a uma única disciplina rígida, mas podem recuperar vigências dialógicas que almejam o futuro do conhecimento e é nesse sentido que o termo *complexo* será usado a seguir. *Como nos tornamos quem somos?* é a velha pergunta filosófica que percorre o texto que leitoras e leitores têm pela frente.

O conceito de *complexo* surge na intenção de refletir sobre o ser genérico que somos ou o que nos tornamos enquanto seres forjados no contexto histórico da colonização a partir de jogos de intersubjetivação.

O complexo de Édipo se tornou famoso e até mesmo popular, embora seja um dos conceitos mais complicados da história da psicanálise. Édipo é um personagem da tragédia assim como Hamlet, que, segundo Freud, seria seu correspondente moderno. Na contramão do Édipo grego, que influenciou toda uma construção de teorias europeias, foram propostas leituras de outros édipos, como o africano e o antilhano. A intenção de seus autores sempre foi mostrar que seres humanos não são simplesmente idênticos, mas sim forjados em relações de parentesco e de poder estabelecidas em contextos variados.

Todo complexo é uma determinada organização interna baseada em jogos de força interiorizados na relação do indivíduo com as instituições e coletividades, e por isso, as formulações *complexo de vira-lata* e *complexo de Colombo* podem ajudar a entender também o que é o poder para cada pessoa submetida ao olhar do outro. O que está em jogo é a compreensão do momento psicopolítico que vivemos, no qual o cálculo do poder sobre as emoções, os sentimentos e a maneira de pensar das pessoas está cada vez mais radical. A abordagem aqui apresentada busca compreender a construção e a transmissão de matrizes subjetivas nas quais pessoas estão inscritas dentro de contextos simbólicos e imaginários. Uma das questões de fundo dessa abordagem refere-se ao modo como as emoções e as ideias atravessam o tempo histórico e como são herdadas pelas gerações.

O que há de comum entre os complexos aqui enunciados é o fato de serem formulações nas quais personagens literários se situam como modelos da subjetividade. Questões históricas e filosóficas também se apresentam como problemas relacionados ao mundo geográfico e imaginário.

Quando falamos de *subjetividade*, falamos de pensamentos, emoções, crenças, de mundo interior. Insiro Cristóvão Colombo no centro dessa reflexão sobre o sujeito e a subjetividade, por considerá-lo uma figura emblemática de nossa origem como seres contemporâneos, os seres humanos que somos hoje, pós-medievais, digamos assim. Sejamos nós os latino-americanos, os amefricanos de uma maneira geral, ou os europeus, de alguma forma todos nós somos parte do efeito gerado a partir daquele momento crucial em que houve o contato entre mundos que não se conheciam. O contato impactante entre uns e outros, entre pessoas que jamais imaginaram a existência umas das outras, está até hoje definindo nossa vida.

O contato que se deu naquele momento histórico trouxe resultados terríveis, até hoje não elaborados. Interiorizados individualmente, fazem parte da racionalidade que nos rege e da linguagem que nos forja. Esses resultados continuam se reproduzindo, e seguimos como herdeiros de uma produção teórica e literária que parece ter apresentado o que podemos chamar de *design da subjetividade*.

Freud foi um dos primeiros a perceber o design da subjetividade. A sua leitura do *Édipo rei* de Sófocles (425 a.C.) abre caminho para que possamos entender o paradigma do sujeito – e do cidadão que a ele concerne – ligado à instituição, ou seja, orientado por leis rígidas de parentesco e função social. Culpa e vergonha são afetos que surgem como experiências nesse cenário, porque Édipo é um criminoso inconsciente do crime de ter matado o próprio pai e se casado com a própria mãe. A consciência é, para ele, fator de sofrimento.

*Hamlet*, de Shakespeare (1601), nos coloca diante do cidadão concernido ao espetáculo, o indivíduo que imita um modelo pré-fabricado para ele. É a encenação o que conta, a criação da teatralidade a partir do ressentimento e do ódio com o objetivo de capturar a consciência do espectador. A inveja e a indecisão para a ação são lugares que ele ocupa, porque tem a imposição do fantasma do pai a obedecer. Ele não consegue, emocionalmente, sair do circuito do desejo desse pai e se sente impotente diante do desejo da mãe. Torna-se agressivo e melancólico e acabará por provocar a morte de todos, pois já é um adulto, mas age como um menino mimado.

Colombo, por sua vez, não atua segundo um drama familiar. Ele é um personagem da história, um sujeito que impressiona por sua religiosidade que beira o fanatismo. A ansiedade econômica em relação ao mundo que ele encontra, e que reduz à mercadoria, é uma fato inapagável de sua subjetividade. Colombo é também o sujeito logrado pelo sistema que se dedica devotadamente a ele. Colombo é o primeiro *empresário de si* no pêndulo entre o fracasso e o sucesso a ser elaborado tanto emocional quanto pragmaticamente.

*Complexo de Colombo* é a expressão por meio da qual se pode refletir sobre questões simbólicas que afetam seres posicionados geopoliticamente no mundo. Por meio desse complexo é possível definir a relação humana com o outro e com a alteridade. A expressão complexo de Colombo ajuda a entender o que seres humanos fazem hoje com outros seres humanos e com a natureza em nome do capital e da religião. A história de Colombo, à qual todos estamos concernidos, nos permite compreender o sujeito do contato que, ao mesmo tempo, é incapaz para o encontro. Colombo é o sujeito fechado em si, voltado apenas à sua própria sobrevivência seja material, seja espiritual. Colombo é o primeiro deslumbrado com o estrangeiro, é o primeiro explorador dos corpos e imagens alheios. Podemos dizer que ele é o primeiro publicitário.

Mas ele foi também, de algum modo, um pobre coitado histórico, aquele que não virou santo porque seu processo foi esquecido. Nem o continente ao qual chegou levou seu nome. Ele é alguém que ficou para a história mais como personagem meio tonto do que como herói importante. O protótipo do indivíduo burguês, não um Ulisses ou um Dom Quixote com os quais foi comparado, mas o embusteiro e o esperto, o sujeito do projeto de poder da religião católica que hoje lembra o pastor neopentecostal a manipular os fiéis.

Colombo é alguém de quem herdamos aquilo que não foi resolvido no passado, o desencontro dentro do encontro. Herdamos a violência inaugural, a negligência do outro, a impossibilidade de falar a língua do outro, de reconhecer seu nome próprio, seu jeito de viver. Herdamos um desrespeito inaugural e originário que se mascara de homem de bem.

Édipo, Hamlet, Colombo são personagens que se apresentam como paradigmas subjetivos, que nos permitem ver, como em um espelho, o que se passa em nossa vida desenhada pelo traço do desejo. O desejo é o desejo do outro. O outro é com quem se vive (se experimenta) a dimensão humana do encontro, com quem se desenvolve a intersubjetividade, o lugar do *entre-nós*. O outro é alguma coisa interiorizada por mim, que passa a residir em mim.

Há, é certo, um traço particular do desejo, mas há também um traço compartilhado. Atravessamos uns aos outros com o que dizemos e o que fazemos. Narrativas, memórias, intenções, construções, anseios, medos, invejas e generosidades, tudo o que é do mundo da linguagem nos atravessa, de um modo geral, porque o outro é portador disso tudo. Como nós mesmos somos, quando vistos no lugar desse *outro* que tão facilmente rechaçamos. O *mesmo* e o *outro* são questões de ponto de vista e de situação.

Vivemos em um mundo de encontros. Às vezes, entramos em *contato*. E o mundo não cessa de nos colocar em contato, nas mais diversas formas, inclusive hoje por meio da virtualidade. Encontro e contato vêm a ser sinônimos que permitem dizer que estabelecemos algum tipo de relação.

Colombo, no entanto, nos permite entender, a um só tempo, tanto o elemento histórico quanto o elemento geopolítico que entram em jogo na formação do sujeito. Isso quer dizer que precisamos juntar ao âmbito histórico, filogenético (relacionado à história da espécie) e ontogenético (relacionado à história do indivíduo) o âmbito local e geopolítico no espaço planetário. Esse âmbito está em jogo nessa época de imigrações, de intenso encontro e desencontro de culturas, em que se estabelecem os jogos de poder entre países – todos sob o mando fantasmático do grande totem que é o capital e, com ele, o mercado – matizados por diversos tipos de violências.

A compreensão dos tipos psicopolíticos e psicossociais, a partir da compreensão desses personagens bem desenhados nas narrativas literárias, nos ajudará a entender quem somos como seres construídos pelo desejo na forma como ele se apresenta nas épocas. Somos seres constituídos pelo desejo do outro, seres que se organizam e se desorganizam, que vivem, sobrevivem e morrem, que são felizes ou infelizes sempre em relação ao outro. O outro é a figura que inicialmente nos atravessa e apavora, mas é também o portador do nosso desejo, portanto, ele nos concerne.

É porque há o outro que há o desejo, a linguagem, a política, que há a arte e o conhecimento, que há o amor e a ética, mas que há, também, poder e violência. Definitivamente, a má notícia que se deve dar aos narcisistas é esta: não somos únicos senão como um acontecimento particular em relação ao outro, diante do qual adquirimos nossa particularidade. Por isso, por mais não idênticos, por mais singulares que sejamos, somos também muito semelhantes. O fato de que muitas vezes não somos capazes de nos referir ao outro reconhecendo-o como um semelhante é o problema que devemos enfrentar.

O projeto de análise psicopolítica, cujos fundamentos busco apresentar, visa a colaborar para a construção de uma história da subjetividade, na qual as impotências, os limites, as rupturas e as fissuras possam ser pensadas. Na exposição que segue, os traços básicos de Édipo e Hamlet são apresentados de modo que possamos entender o complexo de Colombo e sua formulação brasileira: o complexo de vira-lata.

# FÓRMULA OU MATRIZ

A teorização sobre o Édipo em Freud não se dá sem certa errância, não tendo sido desenvolvido de uma maneira sistemática no vasto *corpus* teórico freudiano. O tema do Édipo está presente em diversas obras, mas o modo como ele se apresenta diz mais da sua posição metodológica e de suas potencialidades epistemológicas do que imaginamos até aqui. Freud fala de *cena*[32] edipiana. A cena é o local no qual se desenvolve uma

---

[32]. A hipótese da importância da cena edípica na trama da subjetividade aparece cedo na teoria freudiana. Já em 1897 (Freud, 1950/1974, p. 350), Freud lança a ideia do Édipo numa carta a Fliess, mas só tardiamente, após a formulação da Pulsão de Morte e a partir de sua articulação com o conceito de castração, a ideia ganhará a dimensão de conceito fundador. Ademais, Freud dedica apenas um texto específico ao complexo de Édipo, a saber, "A dissolução do complexo de Édipo" (1924).

ação teatral, nela transitam personagens que colocam em jogo questões clínicas que implicam questões teóricas.[33] Nesse contexto, o *complexo* é um operador teórico e clínico que nos permite entender o que chamei de design da subjetividade, que Freud desenvolve na sua percepção da subjetividade como narrativa literária e teatral.

O caminho do Édipo já foi muito bem apresentado por outras pessoas,[34] pretendo usá-lo para mostrar como o modelo de um complexo pode facilitar a compreensão do complexo de Colombo, ele mesmo uma *emanação* do complexo de Édipo, passando por outras

---

33. VIVÈS, Jean-Michel. "Personnages psychopathiques à la scène: un essai freudien de technique psychanalytique".
34. Souza, Mauricio Rodrigues de. "A psicanálise e o complexo de Édipo: (novas) observações a partir de Hamlet", pp. 135--155; Um texto que expõe a trajetória do Édipo em momentos diferentes da obra de Freud é "Édipo em Freud: o movimento de uma teoria", de Jacqueline de Oliveira, presente em *Psicologia em Estudo*, Maringá, v. 9, n. 2, pp. 219-227. Segundo a autora, "A construção conceitual da categoria do Édipo, como operador teórico e clínico, realiza-se ao longo da obra freudiana em um processo tortuoso que, em alguns momentos, parece enquadrar-se numa lógica linear e, em outros, aparece na figura do *après-coup*, da posterioridade (*Nachträglichkeit*)."

de suas formulações em um cenário de estudos sobre a colonização internalizada.

O complexo de Édipo trata de uma narrativa de afetos, de elos familiares, do parentesco tradicional que será transfigurado de diversas formas na construção histórica e social dos sujeitos. O complexo de Édipo é uma espécie de molde a partir do qual se desenha a subjetividade. Podemos usar a palavra *estêncil* que remete ao recorte de um desenho e a posterior mancha que faz aparecer uma marca. Podemos falar da "impressão" que se desenha sobre nosso corpo tal qual a sentença que se escreve sobre o corpo do condenado sem que ele saiba, como no conto de Kafka.[35] Jacques Derrida[36] e Julia Kristeva falavam da *Khôra* como um *útero* ou uma bolsa dentro da qual carregamos o conjunto de impressões primitivas que retorna, por exemplo, na ação literária. O complexo de Édipo[37] se aproxima da *Khôra* no sentido

---

35. KAFKA, Franz. *O veredicto/Na colônia penal*.
36. DERRIDA, Jacques. *Khora*.
37. Minha investigação não entra em colisão com a revolta do anti-Édipo de Gilles Deleuze e Félix Guattari, porque não entendo o Édipo como uma estrutura fechada contra a qual devemos estabelecer um confronto, mas sim como matriz que admite transformação histórica. Nesse caso, o próprio anti-Édipo deve ser aplaudido como um belo momento de revolta,

de ser uma *forma plástica*[38] que opera, que desempenha um papel, em diferentes contextos. Ao nos reconhecermos como seres de linguagem, somos emoldurados por ela, nos criamos e nos recriamos nela. E que há fórmulas que se repetem como configurações plásticas repetitivas. Assim como usamos palavras comuns, podemos partilhar estruturas, não apenas conteúdos, mas formas, não apenas formas transcendentais, mas formas plásticas. Somos seres em *frames*, o que nos aproxima da ideia de *sequência de atos* da filosofia de Simone de Beauvoir,[39]

---

uma pérola da dialética que envolve essa narrativa. Já a leitura de Antígona por parte de Judith Butler (*Antigone's Claim*) coloca um problema adicional: talvez Antígona pudesse ser lida no lugar do Édipo, assim como o Édipo africano e o antilhano no lugar do Édipo europeu.

38. Aquilo que Warburg chamou de *Pathosformel* relaciona-se profundamente com o que Erich Auerbach chamou de *figura* e que vem a ser, segundo a definição de Modesto Carone, "o sentido literal ou o acontecimento que se refere a uma realização que está encerrada em seu próprio bojo". A análise de Auerbach demonstra que a figura significa originalmente *forma plástica*, mas é a afinidade entre *figura* e o conceito de *veritas* que mais nos importa. E é justamente por isso que podemos assumir o que Auerbach diz na intenção de sustentar nossa tese: a figura é o "meio-termo entre *littera-historia* e *veritas*". AUERBACH, Eric. *Figura*, pp. 9, 13, 41.

39. BEAUVOIR, Simone de. *Le Dèuxieme Sexe*.

por meio da qual conseguimos entender que estamos todos em estado de performance.

O complexo de Édipo aparecerá pela primeira vez em uma carta de Freud a Fliess.

> Um único pensamento de valor genérico revelou-se a mim. Verifiquei, também no meu caso, a paixão pela mãe e o ciúme do pai, e agora considero isso como um evento universal do início da infância [...]. Sendo assim, podemos entender a força avassaladora de *Oedipus Rex* [...] a lenda grega capta uma compulsão que toda pessoa reconhece porque sente sua presença dentro de si mesma. Cada pessoa da plateia foi, um dia, em germe ou na fantasia, exatamente um Édipo como esse, e cada qual recua, horrorizada, diante da realização de sonho aqui transposta para a realidade, com toda a carga de recalcamento que separa seu estado infantil do seu estado atual.[40]

Nesse texto percebemos que a primeira intuição de Freud diz respeito à narrativa como uma espécie de espelhamento. A imagem atua sobre o sujeito produzindo um reconhecimento do desejo.

---

40. MOUSSAIEFF Masson, Jeffrey. *A correspondência completa de Sigmund Freud para Wilhelm Fliess, 1887-1904*.

O complexo estrutura tanto a tragédia quanto a vida de quem a assiste. É como se um molde estabelecesse o parâmetro de comparação entre a fantasia e a realidade, entre a idade adulta e a infância. O indivíduo se encontra com um espelho, é um fato, mas esse espelho é uma representação que se repete na forma de uma imagem-texto na qual todos estão mental e emocionalmente inscritos. É como se todos tivessem sido impressos com o mesmo tipo, ou com um mesmo carimbo ou decalque.

A afinidade entre Édipo e Hamlet aparecerá em *A interpretação dos sonhos*.[41] Nesse livro, é o lugar do recalque ou da repressão na vida emocional da humanidade o que está em jogo. Trata-se, portanto, de uma questão filogenética, tal como se pode pensar relativamente à história da humanidade, das populações ou das massas. Freud diz:

> Toda a diferença na vida psíquica dos dois períodos amplamente separados da civilização, e o progresso, no decorrer do tempo, da repressão (*Verdrängung*) na vida emocional da humanidade, se manifesta no tratamento diferenciado do mesmo material. Em *Édipo Rex* a fantasia básica da criança é trazida à luz e realizada

---

41. FREUD, Sigmund. *Die Traumdeutung*, p. 316.

como nos sonhos; em *Hamlet*, ela permanece reprimida, e nós aprendemos de sua existência – conforme descobrimos os fatos relevantes em uma neurose – somente através dos efeitos inibitórios que dela derivam. No drama mais moderno, o fato curioso de que é possível permanecer em completa incerteza quanto ao caráter do herói provou ser bastante consistente com o efeito superpoderoso da tragédia.

A questão emocional atravessa o tempo desenhando dois momentos da história da repressão ou do recalque (*Verdrängung*). Para Freud, enquanto Édipo tem a chance de realizar seu desejo, Hamlet só pode viver a indecisão. A história da subjetividade vai se desenhando na história da literatura[42] porque Freud sabe que a estrutura da subjetividade é fortemente marcada pela experiência estética, seja enquanto experiência que se tem com as obras de arte e suas potencialidades catárticas, seja no que concerne à produção da sensibilidade que é consti-

---

42. Lacan, diz em seu *Seminário VI* que essa comparação feita por Freud entre os antigos e os modernos é uma "petição de princípio", o que, a meu ver, faz com que ele perca o sentido profundo da leitura literária da psicanálise. Ver LACAN, Jacques. *Le Seminaire. Livre VI. Le désir et son interprétation*, p. 53.

tutiva do sujeito. Freud sabia que o inconsciente era, sobretudo, literário, narrativo e marcado por impressões.

Com sua observação, Freud está mostrando a linha que une um motivo ao longo do tempo. Ele fala de dois personagens em suas narrativas que repetem um mesmo molde. O recalque é um decalque sobre o sujeito no tempo histórico. Ele é o design da subjetividade que atravessa o tempo histórico e nos situa como repetições de uma mesma imagem. A subjetividade é também partilha de uma imagem complexa que nos forma. Ela é o conjunto da linguagem, da força do texto e das imagens, ou seja, das impressões de que somos feitos.

Se nossa subjetividade é feita de textos e imagens, o complexo é uma matriz subjetiva. Por matriz, entendo o molde, a imagem primitiva ou arquetípica, o traço que surge como efeito de energias afetivas, intensidades, que transitam no tempo. Energias afetivas são conhecidas a partir de suas marcas. O ódio pode produzir agressões físicas, feridas e cicatrizes em corpos humanos. Ele pode produzir violência linguística. O amor pode produzir gestos de solidariedade ou obras de arte. As energias afetivas atravessam a cultura no contexto do tempo histórico e levam a realizações e concretizações linguísticas.

O conceito de matriz representa justamente o que Aby Warburg chamará de *Pathosformel* ou "fórmula de *páthos*".[43] A fórmula de *páthos* nos aparece como uma imagem e se repete no tempo, tal como Warburg mostrou no seu *Atlas Mnemosyne*. O que Silvia Cusicanqui definiu como sendo uma sociologia das imagens a partir de Waman Puma, tem uma relação profunda com o sentido da história das imagens em Warburg. Se trata da "teoria iconográfica sobre a situação colonial" de que fala Cusicanqui.[44]

A matriz como "fórmula de *páthos*" é carregada de afetos, o que nos permite pensar que, como imagens, elas podem tanto forjar uma cópia, quanto desencadear

---

43. Segundo Cláudia Valladão de Mattos, "Ainda que indiretamente, já encontramos aqui formulado o conceito de *Pathosformel*, que Warburg passaria a usar a partir de 1905 para explicar sua concepção de transmissão de uma memória coletiva através de imagens. Esse modelo expandiu-se nos anos seguintes, tornando-se cada vez mais universal, até encontrar uma formulação definitiva no último projeto inacabado de Warburg, seu *Bilderatlas Mnemosyne* (Mapa de imagens da memória)". A autora localiza que Warburg mencionaria o conceito pela primeira vez em seu texto sobre Albert Dürer, em 1905. MATTOS, Cláudia Valladão de. "Arquivos da memória: Aby Warburg, a história da arte e a arte contemporânea."
44. CUSICANQUI, Silvia Rivera. *Op. cit.*

climas afetivos coletivos. Nesse ponto, nos interessa entender como a matriz é uma espécie de molde para contorno que implica um espectro amplo de plasticidade. Seria oportuno lembrar da sombra que serve de base à imagem criada pela desenhista no mito da invenção da pintura, que aparece na *História natural*, de Plínio, o Velho.[45]

É o design de um ente vivo o que vemos nesse traçado. Estamos falando de representações primitivas e coletivas, mas no sentido de uma fórmula que se repete em série e nos cria como cópias de um modelo genético original com variações de plasticidade histórica e geopolítica. Warburg falará dessa repetição como uma *sobrevivência* ou pós-vida (*Nachleben*) das imagens que retornam de tempos em tempos na cultura. Sujeitos da história, tanto a transmitimos, como somos afetados por ela.

Em meio a isso, a identificação. A ideia de identificação, fundamental na compreensão do complexo de Édipo, possibilita compreender como se instaura a

---

45. PLÍNIO [O Velho]. *Historia natural, livro XXXV*, capítulo 5, 15. Há variações a Marcus Fabius Quintilianus, em *Institutio oratória*, livro X, capítulo 2, § 7, e a Athenagoras, em *Legado aos cristãos*, capítulo XVII.

subjetividade de uma época como eterno retorno do já conhecido, enquanto é, ao mesmo tempo, recalcado em um acordo coletivo e revelado em irrupções as mais diversas. A identificação é um básico esquematismo mental e afetivo pelo qual se reconhece fora de si aquilo que confirma uma certeza em nós. Freud diz em *Psicologia das massas e análise do eu*, texto de 1921, que a identificação é a forma mais primitiva de laço com outra pessoa.[46] Nesse sentido, a identificação remete ao reconhecimento. A identificação é um mecanismo por meio do qual nos encontramos em espelhamento com o outro. Uma criança é o melhor exemplo do sujeito em formação, enquanto subjetividade em aberto, que se organiza por identificação. A identificação acontece durante toda a vida, mas é praticamente impossível apagar as identificações acumuladas. As imagens artísticas, teatrais ou literárias nos permitem encontrar essas verdades aparentemente perdidas no tempo.

---

46. FREUD, Sigmund. *Massenpsychologie und Ich-Analyse*.

# TANATOGRAFIA

Freud usa as narrativas de Édipo e Hamlet para falar de textualidades e imagens que nos constituem. Édipo revela o indivíduo neurótico, traído pelo próprio desejo. Ele é o representante de uma relação com a lei. Naquele tempo, a lei definia a instituição, tanto o Estado quanto a família, da qual nenhum indivíduo escapava. É o *simbólico* que constituiu o tempo emocional da humanidade tomada como universal e representada na tragédia de Sófocles. Por isso, ainda podíamos, enquanto era o tempo da lei, nas eras em que a lei esteve em vigência, falar de um universal como humanidade. Há bolhas onde ainda se vive o tempo da lei e nelas ainda se fala em um universal como humanidade.

É com esse *tempo da lei* que rompemos. A fratura interrelacional, a impossibilidade de reunir o senhor e o escravo, para falar na dialética hegeliana da intersubjetividade, também surge de uma ruptura interna ao tempo histórico. A história não tem o poder de restabelecer um elo rompido, porque esse elo precisa ser recuperado em processos psíquicos que podem ser completamente destruídos por jogos de psicopoder. O ser humano é um animal psicológico e subjetivo, que age movido pelo seu desejo que é o desejo do outro.

Ora, até agora, evitei falar do conteúdo dessas narrativas, pressupondo-as conhecidas. Mas gostaria de mostrar a diferença básica na estrutura das histórias para que possamos entender a mudança de paradigma que se dá entre elas e que nos afeta em nossa época mais hamletiana do que edipiana.

Édipo é aquele que mata o pai para se tornar um homem adulto. Matar o pai é a metáfora do tornar-se adulto, em termos pragmáticos, do vir a ser rei, de ascender à condição do ser responsável, aquele que poderá assumir o lugar do pai. Édipo assume o reinado e a rainha, constitui com ela uma família e se torna ele mesmo o pai. Ele sentirá uma culpa tão forte ao saber de seu crime que arrancará os próprios olhos, aterrorizado com o que ele mesmo fez contra a ordem, sua família e si próprio.

Édipo é a subjetividade da civilização por oposição à barbárie, ele repudia a barbárie em seu próprio corpo no momento em que toma consciência dela. Ele se enceguece e se exila por não se sentir mais um ser humano igual aos outros. Édipo tem pavor do incesto que ele mesmo cometeu e tem, ao mesmo tempo, uma elevada compreensão de si. Ele é o rei e como tal deve se portar. É assim como nos sentimos em nossa infância: todos queremos ser o centro da família real.

Do mesmo modo, Jocasta, sua mãe-esposa se suicidará diante da catástrofe familiar, que é o seu destino. Ela é a rainha e como tal devia se portar naquele contexto político, moral e estético. Ambos os personagens estão inscritos na imagem da lei. Uma lei tão forte que não perdoa; que está tão fortemente interiorizada que não permite que eles perdoem a si mesmos, figuras trágicas que são. Ambos estão inscritos em uma textualidade que não pode ser apagada. Ela tem força de lei.

Hamlet é diferente. Seu tempo é outro. Ele é o filho que restou, alguém que sobrou como parte não desejada de uma família que já não existe. Um sujeito que não pode se tornar pai, nem rei, cujo destino está marcado pela inferioridade eterna e insuperável. O pai é uma aparição, uma alucinação, um fantasma, uma tela de televisão que tem força de lei, que impõe um Estado de exceção e que não pode ser desligada, mas que não oferece nada em troca. Ele é o morto que não pode ser morto. E justamente porque foi morto por outro que já tomou seu lugar, ele vem atormentar Hamlet com uma vingança impossível, pois o que pede não está na ordem da realidade. E por isso, Hamlet não pode se tornar adulto: matar o pai e ter direito à cama da mãe são impossíveis. Não há libertação para Hamlet, ele terá que se contentar em fazer *cena*. Se Édipo podia viver, Hamlet, como na época das redes sociais, só poderá simular. Se Édipo tinha direito a uma biografia, Hamlet será um personagem de uma cena tanatográfica, em que tudo conduz à morte.

Hamlet fica louco pela imposição do pai fantasma a exigir vingança. Ele é a imagem do desejo irrealizável de Hamlet. Desde sua aparição, a vingança se torna o lema de sua vida. Hamlet sequer poderá desposar Ofélia, que é conduzida ao suicídio por suas palavras e gestos de rejeição. Ele é um simulador que age como um *gaslighter*, um manipulador. Hamlet atinge apenas o mais fraco enquanto as figuras do poder continuam intactas. Ele só conseguirá sair do circuito sadomasoquista em que está inserido matando a todos e morrendo ele mesmo. Esse é o vínculo de Hamlet com a melancolia e, no limite, com o princípio de morte, que parece reger a modernidade alucinada, assassina e suicida.

A partir da narrativa shakespeariana, abre-se um caminho para compreender uma outra estrutura da subjetividade ligada a uma certa *soberania da imagem*. Ela rompe com a lei tradicional. A imagem se coloca no lugar da lei[47] e assume sua força, a da imposição à ação destrutiva. Há muito em comum entre a ação de Hamlet na peça de Shakespeare e a ação contemporânea no mundo do espetáculo, sobretudo em condições digitais. É o sujeito do espetáculo que entra literalmente em cena, orientado por um pai fantasma e para contentar esse pai fantasma, imagem de um mundo que, estando presente, não existe. O pai fantasma de Hamlet é a metáfora dessa nova lei que sobrevive como imagem, um *frame* a ser obedecido, mas sem conteúdo.

Hamlet, a partir de então, viverá como a vítima da lei imposta por esse ser ausente-presente, um ser pura imagem. Um pai que lhe cobra vingança cegamente, de dentro do seu mundo morto ele interfere no mundo dos

---

47. TIBURI, Marcia. *Olho de vidro: a televisão e o estado de exceção da imagem*.

vivos. Seu filho vivo, com ódio por ter sido excluído do circuito do desejo, projeta a morte. A imagem do pai morto a pedir vingança é o espelho de Hamlet, o próprio desejo de morte. Sem dar nada de bom a Hamlet, ele o condena ao seu próprio fim.

Hamlet está condenado a vingar-se como os outros, que, desde o alerta de Sartre, estão condenados à liberdade. É o drama da consciência da própria impotência, diante de um poder covarde que exige do filho o mais extremo sem lhe dar nada em troca. Se tomarmos por princípio que fantasmas não existem, trata-se de uma alucinação que dá imagem ao desejo. Mas em um mundo de telas – em que o sonho se tornou *onirokitsch*,[48] ou seja, sonho de plástico produzido para o consumo –, nós já somos os habitantes alucinados de uma vida organizada como alucinação.

Hamlet revela assim outra forma de viver o desejo no mundo moderno: a ausência da figura da lei em que ele se encontra. Nestes tempos modernos, diferentemente dos tempos antigos, quando o Édipo estava em vigência, o pai já não é uma figura humana da realidade, mas um

---

48. BENJAMIN, Walter. "Onirokitsch: glosa sobre o surrealismo". In: *Revista USP*, n. 33, pp. 187-189.

fantasma que impõe uma lei, uma vingança. Se o pai é a figura da lei, temos uma profunda mudança de paradigma. É a lei deste pai, tão fantasmagórico quanto a lei que ele prega, que coloca um problema para Hamlet e para todos nós. Não há mais lei, ela foi substituída pelo espetáculo. Hamlet é a figura do desejo alucinado. Ele é a figura que personifica o espetáculo. É o espetáculo que constitui o sujeito pensante como não pensante. O excesso de pensamento de Hamlet, como na definição de Goethe, é o estertor de uma forma subjetiva cancelada pelo espetáculo.

O espetáculo como falsidade – que não é apenas uma ficção – deve resolver o problema do desejo. Deve ajudá-lo a se realizar. A fantasia parece ser a solução para uma realidade insuportável. Contudo, infelizmente, o ato de Hamlet não é só ficção, é a ficção que faz a transição para a realidade. O novo paradigma é representado pela encenação (*play scene*) criada por Hamlet, o dramaturgo, o diretor de teatro, o ator de sua própria história encenando sua tragédia particular. A cena dentro da cena não é apenas um efeito barroco ou metalinguístico, é também metarreferencial. O mesmo fazemos todos nós hoje nas redes sociais. Menos expomos nossa vida do que a criamos e editamos para os efeitos da espetacularização acessível a todos.

Hamlet é aquele que quer "capturar a consciência do rei" com a sua mensagem encenada. E nós? Que consciência desejamos capturar? Haverá um pai da horda das redes sociais que desejamos alcançar? Ou pretendemos apenas conseguir capturar um *like* nas redes sociais para nos sentirmos um pequeno rei que, por um segundo, conseguiu a fama e o espectro do reconhecimento?

## DESEJO DE MATAR

O pai de Hamlet entra em cena como uma fantasmagoria que quer se vingar de seu assassinato. O pai de Hamlet é uma espécie de pai morto-vivo. Um pai que vampiriza o filho. Em sua exigência de vingança, ele atormenta um jovem que não pode seguir vivendo senão em nome do que lhe impõe esse pai. O pai tem todo o poder sobre a mente de Hamlet. A alucinação a ser intimamente suportada é a lei do pai, o *pater potestas*. O pai fantasma não foi interiorizado senão como uma imagem autoritária que retorna como uma forma exterior conhecida. É a ditadura da imagem a cumprir seu papel de assédio.

A imagem do pai pede vingança por ter sido morta, por estar fora da cena, por não ter mais corpo. Hamlet, órfão, é aquele de quem o pai fantasma exige uma solução, afinal, ele, o rei, foi morto. Autoritária é a personalidade que não pensa que vai morrer porque se considera infinita. A consciência de Hamlet é que foi capturada por essa imagem por meio da culpa. Ele será atormentado para sempre. Hamlet é condenado a vingar-se e a carregar a culpa que, os psicanalistas a partir de Freud, entenderão como desejo. No caso de Hamlet o seu desejo não lhe pertence e não passa do desejo de vingança e morte.

Se Freud tem razão, se de fato Hamlet representa o Édipo na modernidade, não é um exagero dizer que somos todos Hamlets. Ele se tornou o nosso molde moderno, o emblema, a imagem que fala por nós. Hamlet é o sujeito deprimido pela figura do poder que lhe pede sua tristeza; que pede para que ele não se relacione com nada mais do que sua vingança neurótica e histérica. Sujeitos da melancolia e da vingança, somos vítimas do princípio de morte. A vingança é a exigência de Tânatos e, como não sabemos bem contra o que, ou contra quem nos vingamos, nos vingamos de todos, uns contra os outros. A guerra de todos contra todos tem como base a vingança. A vingança contra o pai (contra Deus?) por existirmos?

Esses filhos enjeitados, bastardos e órfãos da Europa, os que foram lançados no limbo nas regiões do planeta que eles deveriam colonizar, devem ser todos Hamlets; colonizadores-colonizados que carregam, espalham e transmitem o complexo de Hamlet, que encontra sua repetição e reformulação no complexo de Colombo.

Hamlet é o cidadão impotente, indeciso entre "ser e não ser", entre a realidade e a ficção, entre a vida e a morte. A ficção, que é o caminho para "capturar a consciência do rei" como vemos em Hamlet, é também o caminho para a morte. Ora, toda e qualquer ficção captura nossa consciência feita de textualidades e de imagens. Daí a importância das imagens de Waman Puma, como percebeu Silvia Cusicanqui.

Hamlet inveja e odeia seu tio Cláudio, e não tendo como se vingar dele, cai na armadilha de seu próprio ódio. Ele se torna ao longo da peça uma espécie de *serial killer*, uma *máquina mortífera*.[49] O desejo de aniquilamento do outro e de si mesmo é o vetor da sua narrativa. Hamlet é a alegoria da consciência moderna que mascara o ódio que lhe dá origem.

O fato de que o ódio seja mais que mero sentimento, que tenha se tornado categoria transcendental a configurar a política é algo que encontra sua prova na história

---
49. BLOOM, Harold. *Hamlet: poema ilimitado*.

das guerras, que chega aos conflitos atuais entre império e periferia. Sentimento cada vez mais comum, o ódio mostrou-se com nitidez e distinção nos diversos extermínios do século XX: dos armênios, judeus, ciganos, romenos, cambojanos, curdos, croatas, tutsis, brasileiros negros sob a artilharia policial e o descaso governamental no contexto da pandemia.

Nessa *Alegoria da América*, que é também uma alegoria da conquista (e a Conquista é um dos quatro cavaleiros do Apocalipse), cada detalhe é importante. Uma mulher nativa nua, sentada na rede, representa a América, que se mostra surpresa ao receber a visita do seu conquistador. Diante dela, em pé, surge Américo Vespúcio hasteando uma bandeira encimada por uma cruz, em um evidente símbolo fálico. A imagem trabalha com uma lógica binária tipicamente colonial (patriarcal e capitalista), na qual o homem em pé se opõe à mulher sentada: a Europa civilizada e a América selvagem. No lado esquerdo, caravelas se aproximam trazendo o salvador; no lado direito, podem-se ver animais selvagens e, ao fundo, canibais. Na legenda, lê-se o seguinte: *"Americen Americus retexit"* – Américo [re]descobriu a América – e *"Semel vocavit inde. Semper excitam"* [sic] – ele [a] chamou uma vez e desde então ela está sempre acordada.

Waman Puma mostra o conceito de *apequenamento*. O corregedor convida seus ajudantes para o banquete, e eles se regozijam. Enquanto os apoiadores são adulados (o que se percebe pelo tamanho dos corpos representados e sua posição à mesa), o inca é humilhado. Waman Puma chega a representá-lo numa perspectiva menor e servindo-se dos restos da mesa.

Waman Puma de Ayala mostra a inacreditável conversa entre um inca e um espanhol. O inca pergunta o que os espanhóis comem, ao que o espanhol responde: "Comemos ouro." Na visão de Silvia Rivera Cusicanqui, é esse tipo de conversa que produziu o *estupor* no qual os incas mergulharam e que levou seu exército de milhares de homens a ser derrotado por cerca de 150 espanhóis.

Waman Puma cria um conceito relacionado à execução de Atahualpa. Cortar a cabeça, desencabeçar, é gesto essencial da conquista profunda: é o "descabeçamento da sociedade colonizada", do qual fala Silvia Rivera Cusicanqui. Na imagem, o inca é segurado por quatro homens e decapitado, embora já estivesse morto. A cabeça é o emblema do pensamento; arrancá-la é um gesto fundamental na produção da conquista do território e da colonização da mentalidade.

# ÉDIPO AFRICANO

Freud fala de Édipo e Hamlet pressupondo-os universais. O universal é o parâmetro do pensamento europeu patriarcal a ser superado. Esse tema vem sendo questionado por teóricas feministas pelo menos desde o século XVIII até os dias atuais, bem como por todo o pensamento anticolonial e decolonial.

Quando Marie-Cécile e Edmond Ortigues publicam, em 1966, o Édipo africano (*L'Œdipe africain*),[50] introduzem a argumentação geopolítica na ordem das questões que até então eram tratadas como puramente psicológicas, muitas vezes fazendo parecer que a psicologia não fosse ela mesma uma ciência humana e política,

---

50. ORTIGUES, Marie-Cécile; ORTIGUES, Edmond. *L'Œdipe africain*.

marcada pela subjetividade geográfica e historicamente situada de seus criadores e seguidores. Os autores apresentam o mesmo critério geopolítico como elemento de análise que vemos em toda a filosofia latino-americana, antilhana e andina. O espaço geográfico e topológico assume uma significação que vem problematizar os *centrismos* históricos e geopolíticos.

Hoje, em meio à guerra híbrida, uma guerra de desinformação e de mentiras, ninguém tem dúvida de que o psiquismo, os afetos e as mentalidades se tornaram decisivos no cálculo do poder. O psicopoder é o poder que calcula sobre a subjetividade, manipulando emoções e afetividades.

Simonne Henry Valmore, na esteira do *Œdipe africain*, fala do Édipo antilhano (*L'Œdipe antillais*),[51] insistindo no papel fundamental da escravização e nos limites da própria psicanálise diante dos saberes africanos. A partir do que ela diz, fica evidente que não se pode mais pensar a subjetividade contemporânea, que surge da colonização e da escravização, sem levar em conta a questão cultural mais profunda, com a qual a

---

51. VALMORE, Simonne Henry. *L'Œdipe antillais*. Idem. *Dieux en exil, voyage dans la magie antillaise*.

psicanálise hoje pode dialogar, se ela souber enegrecer. A entrada em cena da questão racial, de Aimé Césaire a Lélia Gonzales, de Audre Lorde a Achille Mbembe, coloca em cena a crítica da ideologia da branquitude e exige que as teorias estejam implicadas na luta concreta contra o racismo que se impõe como limite.

A questão geopolítica é uma questão de poder. O geopoder é o cálculo que o poder faz sobre os territórios e sobre os corpos e que qualquer projeto de ciência ou de arte deve esforçar-se por desmontar.

# COMPLEXO DE COLOMBO

O complexo de Colombo é a matriz subjetiva fundamental que constitui o sujeito do surgimento das Américas. A colonização é o peso morto que latino-americanos carregam enquanto instituição de uma separação original.

Além de um programa que envolve Estado e Igrejas, que funciona há muitos séculos e não cessa de se renovar, a colonização é um padrão de relação com o outro no qual não se pode dizer que haja comunicação. Hoje, além dos Estados e governos, há as vertentes neopentecostais e as grandes empresas multinacionais, inclusive de mídia, que também não promovem trocas, senão reprodução da invasão e da violência. O que entra em vigência na colonização é a informação violentadora, a ideologia imposta à força contra quem se pretende colonizar.

A violência epistemológica inicial tem que seguir se reproduzindo, o que se alcança hoje técnica e economicamente. Vivemos as fake news na era de sua reprodutibilidade técnica. Junto à violência epistemológica da informação violentadora, segue a humilhação como tática fundamental do discurso colonizador. Por meio dela, o sujeito a ser colonizado é tratado como inferior. Definições negativas, sejam verbais, escritas ou imagéticas, são lançadas contra o indivíduo ou o grupo a ser dominado. Assim, agem os invasores em relação ao saber e ao modo de vida dos invadidos; do mesmo modo, agem os brancos em relação aos indígenas e aos negros; os cristãos em relação às religiosidades indígenas; os neopentecostais em relação às religiões de matriz africana; os homens em relação às mulheres; e assim por diante no sistema de opressão conhecido por todos.

Por meio do complexo de Colombo podemos tratar o problema da enraizada incapacidade para o reconhecimento do outro como um semelhante. O outro é rebaixado a zé-ninguém. Ele aparece sempre no atravessamento violento produzido na direção de um outro. O desejo em jogo não é mais o *desejo do outro*, mas a humilhação imposta ao outro. Aquele que foi atravessado pela violência da humilhação torna-se escravo de pessoas, de instituições, de projetos de poder que não lhe dizem respeito.

Colombo é o indivíduo essencialmente expatriado. É o sujeito à deriva, o sujeito sem chão. Aquele que, ao encetar uma viagem megalômana, é surpreendido por seu resultado e, mesmo assim, é incapaz de perceber e de assumir o que encontra. Ele é o invasor disfarçado de herói, justamente porque se acredita um herói. Não pode supor a invasão da qual é autor, porque lhe escapa o limite e o respeito que deve ter para com o outro, à medida que não o reconhece como um semelhante. Ao mesmo tempo, ele não inventou isso. É mais um sobrevivente de jogos de poder, alguém que quer vencer na vida, que quer ter seu trabalho bem pago, que quer uma carreira de louros como tantos outros; como Eichmann e tantos outros nazistas que queriam ter sucesso na carreira no contexto da burocracia estatal e se tornaram agentes da banalidade do mal.[52]

Colombo é o indivíduo com uma ética conspurcada, forjado em uma sociedade que não reflete sobre a ética. Às vezes ele está no papel do esperto, às vezes no do oportunista, que usa as pessoas para impressionar o rei

---

52. ARENDT, Hannah. *Eichmann em Jerusalém*.

e a rainha, como no momento em que sequestra pessoas para levar à Espanha e exibi-las aos reis, ou quando insiste na escravização dos povos que vivem no local ao qual ele chega. Ele é alguém que, a todo momento, quer salvar a própria alma e reputação, mas é incapaz de perceber que os outros têm o direito de existir e, porque são seres humanos, são iguais a ele.

Colombo é alguém que quer ter reconhecimento e, igualmente, alguma vantagem para si. Mas ele está à deriva e a viagem é o sintoma da ansiedade que carrega em si; talvez por não ter lugar no mundo mais próximo, talvez por ser demasiado ambicioso. Sabemos que Colombo nasceu em Gênova, o que ele declarou apenas uma vez, não porque preferisse ser um cidadão do mundo, mas porque o pertencimento não lhe interessava ou convinha.

O complexo de Colombo nos permite entender o sujeito alienado de si mesmo, cancelado em sua capacidade de pensar e de agir fora do complexo, ou seja, da matriz na qual é forjado. Ele se entrega a Deus porque não pode se entregar à história do seu próprio presente sob pena de não sobreviver.

Assim, ele nos permite entender o sujeito da sobrevivência. Alguém que passa os dias tentando sobreviver, vencer na vida, seja o funcionário, o empresário, seja o político que se entrega aos jogos de poder. Às vezes, é o desempregado que se entrega à condição de empresário de si. Grandes donos do poder, donos do grande capital estão no topo da pirâmide do complexo de Colombo, em cuja base está o desempregado que espera vencer na vida por mérito no contexto do capitalismo. Colombo, o almirante, ocupava um lugar intermediário na hierarquia da dominação. Acima de si havia os reis, e abaixo, todos os demais. Hoje, os donos do grande capital são como os reis, somam 1% da população mundial e detêm 99% do capital. Os 99% restantes da população ficam com apenas 1% do capital. Colombo é alguém que gostaria de fazer parte dos 1% no poder econômico, mas não teve sorte.

Do lado da maioria, Colombo ocupa uma posição inimaginável para si mesmo que, cidadão de classe média, pensa que é mais que isso. O mesmo ocorre com o cidadão de classe baixa que pensa ser de classe média. Colombo é o *anti-índio*. O mendigo que emerge nas ruas de hoje, às vezes acompanhado de famílias inteiras, é a pessoa que não importa ao portador do complexo de Colombo atual, mas simboliza o medo de um futuro que, no fundo, ele também teme. Colombo é o sujeito desconectado da alteridade, o sujeito enquanto sintoma do delírio capitalista em um mundo onde a exploração dos corpos e das vidas se tornou regra.

Aquele que foi lançado nos jogos de poder como algoz e vítima é portador do complexo de Colombo. Ele é o sujeito usado e descartado que surge das várias diásporas, dos processos de escravidão e colonização, de exploração e expropriação; que procura por espaço nas grandes cidades, empresas, ruas ou pelo menos nas redes sociais, onde muitos hoje adquirem pelo menos certa cidadania virtual.

Herdeiros dos que foram invadidos e ao mesmo tempo dos invasores, esses são os portadores do complexo de Colombo. Dessa tensão resulta a sensação da falta de lugar, a sensação de um eterno deslocamento. *Des--situados*, a ocupar um lugar que não era seu, e que não pode ser seu enquanto não *re-situar* o sentido da sua presença e do encontro que ela implica, o portador do complexo de Colombo tenta construir a esperança em Deus e no capital, que ele pensa estarem próximos em sua errância existencial.

O sujeito tomado pelo complexo de Colombo, é expulso e, ao mesmo tempo, exilado na única terra que lhe coube, mesmo não sendo sua. É o *desterro* que ele tenta apagar, que tenta esconder, para que possa continuar. Mesmo que, mais uma vez, à deriva, em busca de um caminho que não sabe ao certo onde irá lhe levar.

## OLHO GRANDE

"Minha vontade", escreve Colombo já em sua primeira viagem, "era não passar por nenhuma ilha sem dela tomar posse". O gesto de Colombo em sua cerimônia de "posse" deu-se em Guanahani, ilha que ele vem batizar como *San Salvador*. O que é descrito em sua "Carta aos Reis", em 11 de outubro de 1492.[53] O desejo de posse, que pode soar estranho em um primeiro momento, esconde a ideia da sacrossantidade da propriedade privada localizada no coração do sujeito Colombo. Nele, o penso, logo existo (*cogito ergo sum*), tornou-se *aproprio-me, logo existo*. O banimento é a condição transcendental herdada por todos os que nascem a partir do ato

---

53. COLOMBO, Cristóvão. *Relaciones y Cartas de Cristóbal Colón*, p. 23.

inaugural em que Colombo, em uma performance hedionda, *toma posse* das terras que ele simplesmente vê.

Tomar posse é o gesto que está inscrito em seu desejo. A invasão inaugura a América como comunidade violentada. Na base dessa violência inicial, vemos uma espécie de olho gordo, um *grande olho* do sistema que tudo devora. É o ventre feito espírito e feito metodologia de dominação da colonização.

O que a visão é para Édipo, um instrumento da verdade e da vergonha, em Colombo é o órgão da expropriação. Édipo fura os próprios olhos ao saber do crime que cometeu contra seu pai e do tabu que violou em relação à mãe. Ele se pune, dessa forma, para jamais voltar a ver sua própria ignomínia. Os olhos de Colombo, ao contrário, servem para promover a maior apropriação indébita de que se tem notícia.[54] Colombo é o agente do olho gordo, da inveja – *video, sed non invideo* [vejo, mas não invejo], como dizia Santo Agostinho – e da inevitável cobiça jamais questionada. É o mesmo olho do fabricante de caixões que serve de modelo às lentes que o capitalismo nos oferece em vida, em sua ideologia da avareza.

---

54. DOWBOR, Ladislau. *A era do capital improdutivo*.

O desejo de posse é germe de um delírio que, elevado a princípio, autoriza todo tipo de violência. Sem perguntar aos seus habitantes o que achavam do que ele propunha em Guanahani, Colombo se coloca como o senhor do lugar ao qual chega, pelo simples fato de ter chegado. O que Tzvetan Todorov chamará de *furor nominativo*[55] é, muito mais, a performatividade da linguagem colonial em ação a partir de uma falta de fundamento que se erige em violência contra o que, desde a perspectiva do denominador, é um *inominado*. Um sem nome.

Assim, para Colombo, os *índios* não sabem falar, e ele os chama pelo nome que bem entende sem jamais se preocupar em compreender a sua língua, porque lhe falta a ideia de diversidade das línguas, como alerta Todorov, mas lhe falta também a ideia da diversidade humana e das culturas. O *furor nominativo* implica uma espécie de teoria do conhecimento que se realiza como ato de linguagem. De uma nomeação mais ingênua, como um Adão no paraíso, Colombo passa a um "ato de nominação de longo alcance: é uma declaração segundo a qual as terras passam a fazer parte do reino da Espanha".[56]

---

55. TODOROV, Tzvetan. *Op. cit.*, p. 38.
56. *Ibidem*, pp. 39-40.

A condição de *sem nome* dos outros é a fantasia fundamental sobre a qual se erige a exploração. Que algo seja *sem nome* equivale em alguma medida a sem lugar, ao que não tendo nome, nem sabendo falar, é um objeto. A coisificação das pessoas subsidiava a ação retórica e prática de Colombo. O seu ato mágico de dar nome às coisas sem perguntar se elas já tinham nome e de dar nome às pessoas sem perguntar que nome elas tinham, era já o cerne do padrão capitalista que se desenvolvia naquela época.

Os habitantes encontrados por Colombo não existem para ele como pessoas, muito menos como sujeitos de qualquer tipo de direito. Desconhecer a língua do outro é, na verdade, um método pelo qual se consegue fazer vingar sua própria terminologia, mais do que uma desculpa do ignorante impotente para o reconhecimento do outro. Mas é também o efeito de uma incapacidade para o contato. O outro é uma *res*, a coisa que transita sobre a Terra, e a Terra mesma é apenas coisa. Assim, segundo os relatos de Bartolomeu de Las Casas,[57] a crueldade se torna padrão de comportamento contra aqueles

---

57. LAS CASAS, Bartolomeu de. *Brevísima relación de la destrucción de las Indias*.

que não se submetem à *vontade de tomar posse*, de Colombo, sobre esses corpos na forma de escravização. O maior genocídio da história tem lugar[58] e tudo o que se fala é que houve uma *descoberta* das *Américas*.

A invenção de um *outro* como objeto depende também de uma operação da linguagem por meio da qual se toma posse de terras, assim como de corpos. A operação de linguagem é sempre performática. A linguagem, essa máquina de ilusões, símbolos e imagens substitui a violência física explícita, ou acoberta e disfarça a violência geral. Muitas vezes por meio de simples atos cerimoniais.

---

58. Não há consenso em relação ao número de habitantes no continente antes da chegada de Colombo. O que se pode dizer é que o declínio da população das Américas desde o primeiro contato com os europeus, em 1492 até ao início do século XX, foi imenso, cerca de 80%. Antes do contato, há quem fale em 90 e 112 milhões de pessoas, alguns falam em 70 milhões, outros em 13 milhões. A declaração feita em 1522, por Bartolomeu de las Casas, de que a população indígena da Hispaniola tinha sido reduzida de 400 mil para 200 mil em poucas décadas não parece real. Varíola, sarampo e cólera, violência e a guerra dos colonos contra os indígenas certamente colaboraram para dizimar a população. Muitos historiadores consideram um genocídio. Ver ALBORNOZ, Nicolás Sánchez *et al*. *La población de América Latina*. Buenos Aires: Paidos, 1968; ROSENBLAT, Ángel. *La población indígena y el mestizaje en América*, tomo 1.

A linguagem como método de dominação faz parte da condição do colonizador, aquele que quer sustentar o privilégio da língua e de seu corpo, de seu desejo e de seu poder. Fazer avançar seu próprio discurso em detrimento de outras falas é, para ele, algo natural. Não é de estranhar que a fala dos subalternizados, das chamadas *minorias políticas* seja insuportável para quem detém o poder garantido pelo sistema aos privilegiados.

## DESTINO SUBJETIVO

Talvez tenha sido Charles Melman o primeiro a usar a expressão *complexo de Colombo*.[59] Ela aparece em 1990, no contexto de uma análise da condição colonial que, segundo o psicanalista francês, aparecia nos pacientes que recebia em seu consultório na França. Em seu texto, Melman define o colonialismo como algo relacionado à "dificuldade de aprender o real de outro modo que não pelos parâmetros que são familiares a uns e outros".

Ao tentar construir essa *abordagem*, Melman fala de seus pacientes "que vêm dessas zonas habitadas pelo colonialismo", com quem diz aprender tanto. O psicanalista, tocado pelo que vê como sendo o *original* nos

---

59. MELMAN, Charles. "O complexo de Colombo". In: *Um inconsciente pós-colonial. Se é que ele existe*, p. 26.

problemas subjetivos dessas pessoas que vêm procurá-lo, na "sua identificação, no seu modo de relação com o real, na sua relação com a sexualidade", afirma ser levado a pensar "que o destino subjetivo deles ainda é comandado pelo que impregnou seu país, e que é o colonialismo".[60]

Desse pequeno trecho citado podemos nos debruçar sobre a expressão *destino subjetivo* em contraposição a *destino histórico* – aquilo que recebemos como legado das gerações que nos antecederam – e traçar um parâmetro de análise. O destino subjetivo refere-se a uma marca que, também vem com a história, mas sobretudo, com uma posição geopolítica que se ocupa e que está interiorizada em cada um. No que concerne à subjetividade, o colonialismo faria ser – e nos faria ser, a nós colonizados – aquilo mesmo que não escolhemos ser, mas que somos necessariamente diante dos jogos de poder e de opressão vividos por nossos antepassados.

Ao ler Melman, podemos pensar na importância da escuta do psicanalista que precisa, de fato, se transformar em política. Contudo, o que o texto coloca é o limite da escuta, considerando que o colonizado fala para

---

60. *Ibidem*.

aquele que vem do lugar do colonizador. Não quero desvalorizar a compaixão do psicanalista, ao contrário, mas quero apenas afirmar seus limites quando nosso inconsciente pede a todo momento um acerto de contas com a catástrofe originária. Nesse caso, a questão geopolítica é uma questão psicanalítica em sentido clínico.

Em termos muito simples, talvez pudéssemos perguntar de que modo o colonialismo nos afeta. Assim como a democracia nos afeta. O que está em jogo é a tragédia de nossa própria formação, a tragédia implicada na cidadania.

Há, sim, opostos que não se comunicam. E há também o que podemos chamar de *sínteses negativas*: nós, os filhos dos colonizadores e dos colonizados carregamos em nosso corpo e mente, em nossos afetos e em nossa linguagem, em nossa impotência diante da opressão, a perplexidade. Somos todos sujeitos nascidos do estupor. Ele é êxtase e também é estase. O estupor é um efeito do poder que nos mantêm parados, estáticos, incapazes de agir contra nossos algozes, sem saber para onde ir, pois, como Hamlet, estamos entre "o ser e o não ser".

No fim do texto de Melman, escrito para uma conferência, no momento do debate, ao responder perguntas, ele fala sobre o problema do pacto. O pacto seria o que nos falta. Ele não seria realizado apenas por duas pessoas que se escutam, mas por "duas pessoas que reconhecem que, em uma e na outra, há consequências ligadas pela palavra e ao mesmo tempo abertas a uma pluralidade de sentidos". Na busca pela narrativa na qual pensa no seu lugar de homem comum, capaz de reconhecer-se nesse outro, Melman insiste nessa dificuldade criada a partir da *ausência de pacto*. Ele fala em pacto simbólico, o acordo tácito entre *semelhantes* que permite justamente constituir a semelhança.

Mas o que seria a semelhança que não se constitui entre nós? *Marcados pelas mesmas fraquezas, os mesmos defeitos, as mesmas vaidades*, são as expressões do psicanalista em sua busca por um conteúdo humano comum. O que ele busca é aquilo que, apesar de toda a negatividade, seria a chave para um *diálogo*. Preocupado com o que ele sinaliza ser um *conflito permanente* – em cujo cerne está a *humanidade* de cada um –, uma espécie de dispositivo de interpretação faz com que o ser humano situado em seu lugar no mundo nele permaneça, em oposição ao outro. Esse *conflito duradouro*, ele dirá, essa incapacidade de pacto, está no cerne do colonialismo. Temos que concordar, mas isso leva à pergunta sobre que tipo de pacto seria possível de se ter com o opressor.

Do ponto de vista do opressor, talvez um pacto pudesse acalmar os ânimos, mas, e do ponto de vista dos oprimidos, poderiam eles escolher um pacto? Seria possível falar de pacto?

Melman fala de um *conflito duradouro* que se tem com esse *outrem*, não mais um semelhante, mas alguém com quem sempre *se deverá repetir o ato de violência inaugural*. Como livrar-se dessa herança política e espiritual que será, ao mesmo tempo, uma *catástrofe espiritual e política*? Como superar o legado do colonialismo? Os termos *obstáculo* e *fosso* são usados pelo psicanalista para falar da *matriz da organização subjetiva*.

A *heterogeneidade radical* é o destino, perpassa todas as relações como uma fissura originária e instransponível, porque o pacto não virá. E essa é a condição agonística[61] no cerne mesmo das produções intersubjetivas no contexto da condição colonial que impede todo tipo de consenso e até mesmo de um pacto.

---

61. MOUFFE, Chantal. *Agonistics: Thinking the World Politically*.

## EXPULSÃO E SEQUESTRO

A matriz subjetiva da colonização como incapacidade de reconhecer o semelhante no outro produz uma ação, a do cancelamento do outro como sujeito de direitos. Se é verdade que "o colonialismo cria o patriotismo dos colonizados",[62] no caso do Brasil, o complexo de vira--lata, seria uma espécie de nacionalismo invertido, um ódio brasileiro ao próprio Brasil e ao seu povo. Nesse sentido conseguimos entender por que no Brasil é fácil sentir-se estrangeiro na própria casa.

Também a população europeia descartada ou expulsa de algumas nações, sob a promessa de colonizar outros espaços – quando, na verdade, se tratava de *tornar*

---

62. MEMMI, Albert. *Portrait du colonisé precedé de portrait du colonisateur.*

*estrangeiro* aquele que não se deseja ter dentro de si –, torna-se a vítima e o algoz de sua própria história. No Brasil, o colonizador interno acaba por se tornar ninguém diante da sua própria *origem*. Ele é o *não-amefricano* e o *anti-índio* ou o perverso racista.

Os invasores europeus que promoveram a matança dos indígenas e operacionalizaram o sequestro dos habitantes de diversos lugares da África para escravizá-los, se tornaram tipos infelizes nos locais aonde chegaram. Caricaturas de ricos, os novos ricos, se tornam burgueses por imitação estética. Os pobres enjeitados de países europeus, tornaram-se zés-ninguém pelo Brasil afora.

No Sul do Brasil, por exemplo, restam da Europa marcas do gótico europeu e do racismo transformado no miserável *privilégio branco*. Algo que o Brasil tem em comum com os Estados Unidos da América: a miséria branca que se apresenta como supremacia. Ao mesmo tempo, quando o Brasil que se acredita branco chega aos Estados Unidos, logo percebe que não é *branco* no mesmo sentido. Brasileiros racistas tentam apagar da memória a vergonha que sentem quando são vítimas do racismo estrangeiro. Com o ódio racista, reafirmam-se como colonizadores internos, sempre escamoteados sob o que o capital pode comprar.

A matriz subjetiva da colonização produziu o sujeito *sem lugar*, seja por não ter para onde voltar, seja porque o lugar para o qual poderia voltar foi perdido. Há, de fato, quem habita o Brasil e ainda se considera italiano ou alemão, apesar de fazer parte da terceira ou quarta geração de nascidos em solo brasileiro. A diferença entre o colonizador e o colonizado diz respeito ao sentido do espaço que se habita: ou ele é território de pertencimento, ou ele é terra a ser explorada. Para um quilombola, para uma comunidade indígena, o espaço é simbólico, refere-se ao pertencimento; para os representantes do capitalismo de qualquer nação, o espaço é apenas mercadoria. A terra para o herdeiro mais direto de Colombo, o colonizador-colonizado, não passa de algo do qual se apossar.

## FERIDA

Colombo é a imagem mais viva do complexo da colonização. Enquanto personagem de alto impacto semiótico e epistemológico, se pode dizer que ele é o sujeito que acompanha o enunciado *tomo posse, logo existo*. Que efeitos esse sujeito produz nos processos de intersubjetivação dos quais participamos todos formando uns aos outros?

A história da subjetividade da qual fazem parte os processos de intersubjetivação, não se separa da história de desamparo, da violência e do sofrimento dos povos. Se trata de uma ferida. E a ferida é uma metáfora que pode nos servir de categoria filosófica para pensar a dor que carregamos em nós. A colonização é uma ferida que não cessa de ser provocada. O neoliberalismo maneja as armas que ferem nesse momento histórico.

Poderíamos aqui buscar diálogo com as filosofias do sofrimento, da dor e do caráter trágico da existência. Poderíamos falar de Schopenhauer e Nietzsche, ou dos afetos alegres e tristes de Spinoza, ou das formas da alienação em Marx. No entanto, creio que é preciso produzir uma aproximação com a imagem dessa ferida aberta que, a meu ver, está na base de toda a catástrofe que conhecemos e que continuamos a repetir. É preciso aprender a conectar-se com a própria dor e entender que nossos laços se dão pelo sofrimento que sentimos. Pelo que a feminista Vilma Piedade chamou de *dororidade*.[63]

De uma fissura histórica, de uma clivagem epistêmica, de uma ruptura transcendental, é desse lugar que nasce a América Latina e, por isso, o seu esforço de se reconstruir é a esperança que se apresenta a todo momento. A catástrofe latino-americana perpetrada na imagem de Colombo, nos une enquanto nos separa dos europeus colonizadores, dos espanhóis, portugueses, franceses, ingleses, italianos, alemães e tantos outros. Há uma catástrofe que nos une e separa dos estadunidenses, uma catástrofe que nos irmana a muitos outros povos com

---

63. PIEDADE, Vilma. *Dororidade*.

quem temos relações migratórias e transnacionais hoje em dia complexas. Essa catástrofe nos une à África, com quem partilhamos um destino semelhante.

O que poderia ser o *comum* entre nós? Qual é o elemento que nos constitui como comunidade humana? De tudo o que podemos dizer, devemos destacar nosso direcionamento à catástrofe, um sofrimento compartilhado, a nossa vontade de vencê-lo, o que só acontecerá se vencermos o capitalismo, nome genérico do maior produtor de catástrofes mundiais de que se tem notícia e que tem levado o mundo para uma catástrofe sem volta, principalmente por sua capacidade de destruir a natureza.

O contexto no qual se fundamenta a questão da ruptura originária no sujeito e na subjetividade relacionada ao lugar de onde viemos e que habitamos é perceptível. Essa fratura original é também originária, está na *gênese* (*Entstehung*) e também na *Ursprung* (origem), tal como vemos em Walter Benjamin.[64] Essa fratura está no antes e no depois, nesse "agora repleto de passado".

---

64. "Origem não designa o processo de devir de algo que nasceu, mas antes aquilo que emerge do processo de devir e desaparecer." BENJAMIN, Walter. *Origem do drama barroco alemão*.

Ela está ainda na traumática questão da *descendência* (*Herkunft*) que nos toca a todos, herdeiros de vítimas e algozes que se emaranharam em laços de amor e perversão em um continente massacrado. Essa fissura causada por armas letais está no passado e também em nossos dias. Ela é uma fratura operante, com sérios e devastadores efeitos práticos. Fratura que é efeito do poder e também do texto como um órgão do poder – seja oral, escrito, seja literário, filosófico, artístico, seja texto digital difundido nas redes.

É dessa ferida em atividade contínua que escoa o nosso ideal de *humanidade* (se ele ainda existir para alguém); é dela que advém o sujeito contemporâneo, núcleo de uma subjetividade erigida na barbárie. Estamos no território desse sujeito estilhaçado, sujeito da errância, da perdição e do abandono, ele mesmo um efeito da submissão;[65] o resultado do poder com as consequên-

---

65. HAIDU, Peter. *The Subject Medieval/Modern: Text and Governance in the Middle Ages*. O autor fala de dois modelos de subjetividade que surgem cedo na Idade Média. Um deles é o sujeito *medieval* comprometido com a sujeição e a completa abnegação. "Dois modelos de subjetividade aparecem no início da Idade Média. Nos índices, aquilo que é frequentemente designado como o assunto 'medieval', comprometido com a sujeição de abnegação completa. Para o monge que vive sob

cias que ele traz para corpos e mentes, ações e posições políticas. Esse sujeito é criado e organizado pelo controle e pela disciplina. Esse sujeito, vítima da violência, constitui e reconstitui o poder, ele habita a linguagem e é por meio dela que ele produz violência ou contra ela se insurge.

O filósofo argentino Eduardo Grüner fala de uma fratura originária na história do sujeito. Ele definirá a própria *modernidade*, na qual surge o sujeito filosófico tradicional, como uma fratura. Em sua percepção, se trata da "constatação de uma realidade dividida contra si mesma". Em suas palavras bastante didáticas, "a modernidade não é nenhuma unidade monolítica, nenhuma disseminação indeterminável: é uma fratura. Pode ser chamada, simplificando até a caricatura, uma fratura entre exploradores e explorados (Marx), entre a vontade de poder e o 'riso' zaratustriano (Nietzsche), entre a consciência e o inconsciente (Freud)".[66] Nesse caso, a fratura

---

a regra de Bento de Nursia, fundador da ordem beneditina, a submissão à Regra era absoluta: ninguém no mosteiro deveria seguir a vontade do seu próprio coração, nem dentro nem fora da muralha deveria alguém pretender discutir com o abade." Tradução minha.
66. GRÜNER, Eduardo. "Estamos todos malucos... O sujeito moderno e a falha geológica". In: *Cadernos Espinosanos XVII*.

seria quase parte do método que instaura as formas de pensamento e os conceitos.

Para Grüner, há uma fratura que até hoje não encontrou nome e que eu definiria como o lugar onde se instaura o complexo de Colombo. Em suas palavras: trata-se da fratura que "entre os séculos XVI e XX dividiu o mundo inteiro contra si mesmo, pelo processo de colonização. Quer dizer: a que fez a modernidade, feitura que o pensamento dominante varreu meticulosamente para debaixo do tapete do progresso unilinear, do qual Benjamin podia dizer sem aporia que, por ser o progresso dos vencedores da história era, portanto, uma marca de barbárie."[67]

Se, como afirma Grüner, é a sociedade que produz seus sujeitos, é porque do sujeito depende uma sociedade. Nesse ponto do texto, Grüner combate a ideia dominante de que o sujeito teria surgido quando Descartes chegou à formulação do seu famoso e *slogramático cogito*, o "penso, logo existo", no século XVII. Grüner se rebela contra esse sujeito *retardado*, que teria perdido o tempo histórico. O fato de que *a operação ideológica dominante* oculte justamente o processo de produção do

---

67. *Ibidem*, p. 51.

sujeito, que ela *invente* um produto eterno, um produto *a-histórico* que Grüner definirá como o *Sujeito Pleno*, kantiano ou cartesiano, implica uma consciência clara do jogo de poder envolvido nessa produção.

Na visão de Grüner, esse Sujeito Pleno construiu-se junto a uma lógica social, econômica e política que a ele serve e que o produz. Há um círculo hermenêutico da ideologia que produz e reproduz os seus métodos. Grüner também está em oposição ao não sujeito dos pós-modernos que, segundo ele, não resolveria o problema que carregamos com essa questão histórica apagada da memória filosófica. Muitos deixam de lado o sujeito e, com ele, o caráter trágico da condição subjetiva.

Para Grüner, é a "conquista e colonização das Américas" que torna tudo infinitamente problemático. Para ele, há uma *centralidade* que se dá no acontecimento extremo de 1492 que precisa ser apagada o tempo todo pelo pensamento europeu. Nesse processo, foi preciso ocultar que "o ocidente europeu moderno não era uma construção harmônica e racional feita pelo Sujeito Pleno". E com isso também ocultar que "o Sujeito Pleno era a alavanca do deslocamento da emergência conflitante, dilacerada, sangrenta, de uns sujeitos sociais novos em estado de fratura trágica e violenta".[68] O *Sujeito Pleno* é a cortina de fumaça contra uma fratura que, interiorizada, construiu um outro sujeito.

Não se trata mais daquele sujeito que diz *penso, logo existo* nem daquele que *carrega todas as minhas representações*, como vemos em Kant, mas a vítima da invasão e da intrusão. Se o sujeito do complexo de Colombo habita o mundo como uma figura perdida sempre em oposição e tensão com a alteridade, cabe a esse sujeito cindido romper com a lógica introjetada do humilhador-humilhado que a figura de Colombo representa. Levando em conta essa *fratura* varrida para debaixo do tapete da história do progresso, e tendo em vista que não há uma unanimidade sobre um *começo* da modernidade e que, seja a modernidade qual for, ela implica um sujeito, Grüner sustentará que, esse sujeito – para além do *Sujeito Pleno* cartesiano ou do Sujeito transcendental kantiano, que "acompanha todas as minhas representações" e que vem sendo escrito com a pompa das letras maiúscula nos livros dos estudiosos – é justamente o que surge com a chamada *Descoberta* das Américas. É ele que implica a figura de Colombo tomado aqui como

---

68. *Ibidem*, p. 53.

o molde a partir do qual somos constituídos na relação Europa-América, o modelo psico-histórico e psicogeopolítico de dominação que nos cabe avaliar.

Esse sujeito *efeito da dominação* poderia até existir antes. Provavelmente possamos falar dele desde Ulisses na *Odisseia*, como fizeram Adorno e Horkheimer,[69] afinal, Ulisses tinha afinidades com Colombo além do fato de ambos serem viajantes. Eles eram sujeitos em guerra com a alteridade. Contudo, tomemos agora esse *sujeito* nesse contexto, para efeito de argumentação, como aquele que surge no confronto com um outro inesperado, cuja alteridade se situa no território do absolutamente incompreensível ou insuportável. Trata-se de um outro que, devido a sua gradação de diferença, com a qual o dono do poder não sabe o que fazer, é colocado como um sujeito inaproveitável. Todo aquele que é marcado como inútil será atacado e destruído. Para que esteja apto a aderir e, desse modo, tornar-se útil, será *dessubjetivado*, ou seja, será *a-sujeitado* separado de sua condição de sujeito, de ser pensante, incômodo, inadequado, exigente, atento e questionador.

---

69. ADORNO, Theodor; HORKHEIMER, Max. *Dialética do esclarecimento*.

## ADULAÇÃO

O complexo de Colombo implica um processo de dessubjetivação pelo qual o indivíduo deixa de ser sujeito e recebe um *design de subjetividade* imposto de fora por processos de dominação. Sistemas de opressão se valem desses processos como metodologias pelas quais o sujeito é eviscerado de dentro do indivíduo. É um roubo daquilo que nos constitui como pessoas inteiras.

Vivemos a partir dessa apropriação indébita, que envolve nossa história, biografia, nossos territórios e sentimentos de pertença. É como se vivêssemos separados de nós mesmos. O processo se dá como uma espécie de lixiviação: aquilo que era o mais concreto, o mais sólido em nós, o sujeito do pensamento e do desejo é escoado do corpo humano. Trata-se da extirpação da capacidade de conectar conceitos e fatos da realidade, da capacidade de sentir.

O sujeito apto a pensar e sentir é o grande perigo contra a dominação. Livre do sujeito, resta o indivíduo que, abandonado, se torna o individualista burguês ou o arremedo do burguês. Adulado pelo sistema que elogia o seu vazio, acreditando na mensagem de que ele é o centro do mundo, o que há de mais importante e mais valorizado, ele se tornará um defensor do capitalismo. Na ilusão que lhe foi ofertada no mercado, ele se tornará um individualista, sem chance de compreender o que se passou com ele mesmo e com os outros ao redor, porque lhe faltam conceitos, porque sua capacidade de criá-los e relacioná-los com fatos desapareceu.

Na selva capitalista, ele terá que lutar pela sobrevivência, mas estará contente porque foi bem adulado pela música fácil que ouve, pelas séries de televisão, pela comida em embalagens coloridas, pelo carro ou pela roupa de marca que, mesmo que não possa comprar, ele pode almejar ter. Pode também usar imitações das coisas, como pode imitar comportamentos e ideias, e sonhar com algum tipo de reconhecimento. E, assim, adulado, sentindo-se parte sem, de fato, fazer parte, o indivíduo é agregado à massa.

Quando Colombo, na sua carta do dia do descobrimento, diz com certo desdém que doou alguns gorros coloridos e miçangas, bem como "algumas coisas sem valor" aos "índios", o que ele fez foi tentar adular. A estratégia da adulação implica dar algo que não tem valor em troca da docilidade. Isso é feito até hoje. Colombo deturpa a relação que os seus conhecidos recentes tinham com os objetos, pressupondo-os sem cultura, sem desejo e sem inteligência. A imposição do novo sistema de crenças, de cultura e da arte, bem como da verdade, fará parte do processo de colonização que não existe sem humilhação.

A adulação é uma violência que escamoteia seu abuso. Os meios de produção abusam dos trabalhadores, a máquina patriarcal abusa das mulheres. Mas não sem antes seduzir e construir um sistema de crenças que permita o *perdão* compulsório sobre todo o abuso. As próprias vítimas muitas vezes assumem o lugar dos algozes. Abusar traz mais vantagens do que ser abusado. E abusar sem precisar pagar preço algum é ainda melhor. Essa é a função dos objetos e gestos do sistema da adulação mais convincente, que flerta com o sistema do assédio mais intimidante.

A máquina midiática é especialista em adular. A adulação é o que garante a docilização dos corpos e a sua disposição a colaborar. O indivíduo é a casca que sobra de um sujeito pensante desaparecido. A casca está disponível para o que for preciso no roteiro de vida, que já foi traçado para a robotização e a escravização.

## OURO

Em 13 de outubro de 1492, Colombo anotou em seu diário que "estava atento e tratava de saber se havia ouro". Contava um dia depois do descobrimento, e ele não parecia estar muito tocado pelo caráter espantoso do acontecimento no qual havia se envolvido. Tinha um interesse fixo em sua mente: "Não quero parar, para ir mais longe, visitar muitas ilhas e descobrir ouro." Naquele mesmo dia escrevera: "Decidi ir para o sudoeste procurar o ouro e as pedras preciosas."[70] Ele acreditava que o ouro "nascia" em algum lugar e que "Deus o ajudaria a

---

70. "Ele desejava ir a ilha chamada Babeca, onde, pelo que tinha escutado, sabia que havia muito ouro". *Diário, 13.10.1492.* In: COLOMBO, Cristóvão. *Op. cit.*

encontrá-lo".[71] Precisava seguir até encontrar a fonte, ou a manjedoura onde o ouro deveria estar deitado como um recém-nascido, para usar uma metáfora cristã.

Todorov, em seu curioso livro sobre a *conquista* da América, suspeita que os indígenas dissessem que o ouro estava cada vez mais longe, com o objetivo de livrarem-se de Colombo. Por isso, Colombo iria vagar de ilha em ilha procurando aquela que, segundo os nativos, tinha mais ouro do que terra. Todorov acredita que Colombo não viajou por ambição, que *ouro* e *riquezas* fazem parte da retórica que usava para acalmar os que estavam mais ansiosos do que ele em momentos difíceis. Não devia ser fácil. Imaginemos as caravelas e naus, a miséria da comida, a sujeira, as doenças, as dificuldades sexuais daqueles homens entregues à própria sorte e uns aos outros. Imaginemos as angústias que viviam por tanto tempo sem ter terra à vista e sem saber para onde iam. Colombo devia nessas horas fazer uma palestra motivacional no convés com as bases de sua teologia da prosperidade, cujo cerne era o ouro a ser encontrado. Depois devia pedir socorro a Deus e obrigar todos a seguir em frente.

---

71. "O almirante acreditava que estava muito próximo da fonte do ouro, e que Nosso Senhor lhe mostraria onde ele nasce." *Diário*, 17.12.1492. In: *Idem. Op. cit.*

Ao longo dos seus diários e cartas, vamos percebendo a ansiedade de Colombo em relação ao ouro. Essa ansiedade segue junto ao desprezo pelo outro. Há uma atenção considerável ao exotismo das belezas naturais. O exótico, sim, chama a atenção pelo fetiche. E Colombo conseguirá ver os seres humanos também por essa lente, sequestrando alguns para exibi-los na Europa.

O ouro é o vetor principal do desejo e da agonia de Colombo, expresso em suas viagens à América em todas as cinco vezes que aportou no continente. Ele avisava a seus funcionários que deviam insistir na busca pelo ouro e não tomar nada dos nativos para não confundi-los acerca do seu foco. Em vários momentos de suas cartas e seus diários, anota sobre o ouro local que prometeu aos reis da Espanha. Vemos certa inquietação em frases como esta: "Que Nosso Senhor me ajude, em Sua misericórdia, a descobrir este ouro."[72] Ao mesmo tempo, a ansiedade se intensifica diante da frustração. A vida de Colombo se complica perante aqueles que esperavam que sua viagem tivesse êxito financeiro. Ele avisava que a principal atividade de sua visita era sempre "coletar

---

72. *Diário, 23.12.1492*. In: *Idem. Op. cit.*

ouro"⁷³ e, ao mesmo tempo, pagava um preço, porque o ouro não era tão abundante e nem tão fácil de conseguir. E era cobrado: "Daí nasceram as maledicências e os desprezos da empresa assim iniciada, porque eu não tinha enviado imediatamente navios carregados de ouro."⁷⁴

Colombo manipula a ideia do ouro e é manipulado por ela. Nesse sentido, ele representa muito bem o espírito do capitalismo. Ou melhor, o encontro do capitalismo com a religião. A devoção a Deus mascara sua busca delirante e monomaníaca pelo *ouro*. A equivalência entre Deus e o ouro é clara. Todorov, por exemplo, acredita que o ouro é um meio para chegar a Deus, mas há muitos sinais no texto de que é Deus que leva ao ouro. Todorov compreende que "a necessidade de dinheiro e o desejo de impor o verdadeiro Deus não se excluem"⁷⁵ e que "os dois estão até unidos por uma relação de subordinação: um é o meio, outro é o fim", sem, no entanto, supor o contrário, o que seria altamente dialético: que Deus é o meio e o ouro é o fim.

---

73. *Relatório para Antônio de Torres, 30.1.1494*. In: *Idem. Op. cit*. Ele se refere à "nossa atividade, que é coletar ouro".
74. *Carta aos reis, 31.8.1498*. In: *Idem. Op. cit*.
75. TODOROV, Tzvetan. *Op. cit*.

Não haverá ouro sem Deus, e assim, Deus se torna a ferramenta de captura do ouro. Deus será usado também para dominar os povos. Será usado, sem nenhum escrúpulo, para escravizar e matar. Hoje, o neopentecostalismo é a religião que mais explora essa ideia de Colombo, que foi inventada pelo cristianismo há muito tempo, Colombo foi um dos seus principais experimentadores. O ouro hoje é o dinheiro vivo que as pessoas depositam nas malas dos templos neopentecostais ou que pagam com cartão de crédito nos cultos capitalistas, que no momento fazem sucesso em igrejas brasileiras.

Na visão de Todorov, Colombo estaria muito mais em busca de reconhecimento por sua condição de descobridor. E chega a dizer que Colombo teria preferido o rústico hábito de monge. No entanto, isso não impede que capitalismo e religião se confundam em sua expedição e em cada detalhe de seu discurso. O sistema de crenças que é o capitalismo se organiza como o sistema de crenças da religião e se vale dele. O ouro precisava, no entanto, permanecer mascarado para que não se perdesse a dignidade ao achá-lo. Afinal, as palavras de Cristo contra o dinheiro ainda estavam muito próximas dos seus fiéis naquela época.

Mas há algo a mais no *ouro* e esse algo permanece entre nós. Deseja-se o *ouro* mais do que tudo, há muito tempo. E para a dominação religiosa se promete o ouro. Ele é o objeto do desejo, contudo, ele é mais do que isso. O *ouro* é um ideal, uma ideia fixa, um significante da dominação. Ele é o objetivo que está por trás de todos os outros, a compensação emocional, teológica e material, o capital real e o simbólico ao mesmo tempo.

O desejo pelo ouro já se demonstrava naquela época como um delírio. Segundo Freud: "existe um grão de verdade em todo o delírio, um elemento digno de fé, que é a origem da convicção do paciente, a qual, portanto, até certo ponto é justificada."[76] Colombo tem um projeto e se lança a realizá-lo custe o que custar. Até aí não há nada demais, faz-se isso até hoje. Mas há algo de paranoico em seu empreendimento. De fato, parece que Colombo submete tudo a um ideal exterior e absoluto, que é a religião cristã. Mas não conseguimos saber até que ponto essa religiosidade ansiosa não é uma astúcia. O ouro é a desculpa, mas Deus também o é. O que nos permite entender que estejam fundidos entre si.

---

76. FREUD, Sigmund. *Delírios e sonhos na Gradiva de Jensen*.

Assim como o caminho das Índias, o ouro é uma verdade incontestável na mente paranoica de Colombo. Todorov tem razão ao dizer que o problema reside no fato de que "sua convicção é sempre anterior à experiência".[77] Nessa medida, alguns personagens de nossa época são representantes mais do que caricatos de Colombo. Do mesmo modo, como foco de uma convicção, se trata do mesmo *ouro* que todos os consumidores buscam hoje no delírio por mercadorias movido pelo capitalismo. É algo desse "ouro" que anima a travessia ao nada para o qual nos dirigimos embarcados na nau do neoliberalismo.

O ouro implica Colombo em um fundamentalismo, não apenas religioso, mas também econômico. O ouro é a verdade religiosa da qual só Deus poderia dar conta. Entre Deus e o ouro, Colombo apagava o *outro*, que poderia romper com essa relação absoluta e, assim, impedir o delírio que estava na base da expansão europeia.

Gostaria de lembrar da epígrafe deste livro, que permanece até agora não explicada. Façamos a costura.

A relação que os habitantes invadidos tinham com o ouro era completamente diferente da relação de Colombo e seus homens com o metal. O desejo pelo ouro não

---

77. TODOROV, Tzvetan. *Op. cit.*

foi entendido senão como sinal de uma diferença irreparável. O caráter absurdo da presença dos intrusos não se esclarecia dentro da perspectiva dos invadidos, que acreditavam que aqueles seres eram comedores de ouro.

Lembremos de Cusicanqui. Ela dirá que o ouro como comida despojava aqueles homens de sua condição humana e sintetizava o estupor e a distância ontológica que invadiu a sociedade indígena. O estupor no qual ainda nos encontramos. Nesse contexto, *comer ouro* é uma metáfora central da conquista e da colonização:

> Falando à noite com os seus papéis, envoltos como cadáveres (pelas suas barbas), dotados de enormes atributos sexuais e comedores de ouro e prata, a corporeidade dos intrusos toca as fronteiras do não humano. Mas as suas formas de relacionamento não são menos incompreensíveis: o responsável não tem símbolo para o distinguir, apenas para falar "muito com todos", o oposto do comando silencioso e simbólico do Inca. A estranheza, o estupor e a ideia de um cataclismo cósmico parecem estar no fundo da impotência que paira sobre os milhares de soldados Inca, que não conseguiram derrotar um exército de apenas cento e sessenta homens, com armas e animais que nunca tinham visto.[78]

---

78. CUSICANQUI, Silvia Rivera. *Op. cit*.

Encontramos em Cusicanqui a exposição fundamental da fratura ontológica e, inclusive, cosmológica que separa os mundos. Comer ouro é algo que, segundo seu argumento ecofeminista, nos permite dar um salto, do século XVI ao momento presente, da historiografia à política, para denunciar e combater os alimentos transformados em ouro, as sementes como pepitas da morte e a perdição humana como uma ferida que se provoca na natureza e no cosmos.

A terra e seus alimentos que eram valores sagrados para os povos antes da invasão são conspurcados pela visão corrompida dos conquistadores acerca do sentido de se estar no mundo. Os alimentos envenenados que desde a Revolução Verde[79] chegam à mesa das pessoas representam a natureza destruída. Eles são a expressão dessa ferida originária que não deixa de se ampliar em projetos antiecológicos destrutivos.

---

79. Vandana Shiva denuncia a Revolução Verde como uma violência. Trata-se de uma fórmula para introduzir as monoculturas e acabar com a biodiversidade das espécies. Mas também com a diversidades das formas de cultivo e dos saberes a ela relacionados. O objetivo da Revolução Verde era o controle centralizado da agricultura. Segundo ela, a "uniformidade e a centralização levam à vulnerabilidade e ao colapso social e ecológico". SHIVA, Vandana. *Op. cit.*, p. 15.

O tema da alimentação pelo ouro ligado ao estupor como um estado no qual se cai no momento em que não se pode compreender o comportamento do outro, nos leva a pensar sobre o que desejamos para nós mesmos. Por que aceitamos nos envenenar? Por que aceitamos o pior para o corpo, para nossa vida, para nossa saúde?

É o momento em que o tema do complexo de vira-lata pode elucidar o que esperamos para nós mesmos.

## COMPLEXO DE VIRA-LATA

Nelson Rodrigues cunhou a expressão *complexo de vira-lata* em 1958, em uma crônica que, republicada nos anos 1990, em um coletânea sobre futebol, veio a provocar reflexões sobre a autoimagem do brasileiro.[80] O cronista se referia à derrota da seleção brasileira para o time do Uruguai na Copa do Mundo em 1950. Uma derrota que parecia inexplicável, pois a seleção não apenas tinha os melhores jogadores em campo como a Copa era no Brasil, ou seja, o time tinha além de tudo, o amparo da torcida.

Rodrigues escreveu no momento em que a seleção viajou à Suécia para participar da Copa da qual sairia vencedora. O complexo de vira-lata vem a ser a tese que

---

80. RODRIGUES, Nelson. *À sombra das chuteiras imortais*.

lhe permite admoestar o time no momento em que o perigo psicológico e moral ronda a seleção. Ele louva as qualidades dos jogadores, mas teme a sabotagem emocional que poderia atrapalhar o sucesso do time. A derrota para a Alemanha por 7 a 1 no Mineirão, em 2014, é uma marca que ecoa até hoje, como ecoava para o dramaturgo a derrota em 1950. O complexo de vira-lata foi a formulação que, naquele momento, e ainda hoje, nos permite enfrentar a insuportabilidade de nossas frustrações, das quais o futebol é um exemplo entre outros.

O complexo de vira-lata nos serve como categoria de análise. Assim como Freud resgatou dos textos literários algumas de suas mais importantes formulações, inclusive o complexo de Édipo, devemos levar a sério a possibilidade de, a partir dele, produzir um escrutínio de *devir brasileiro*. O que seria o complexo de vira-lata? Como e quando estamos nele? Até agora, a expressão vem sendo usada mais como tese e menos como hipótese, mais como resposta e menos como pergunta. É preciso que o coloquemos no lugar de uma pergunta que nos faça avançar em nosso processo de conhecimento sobre quem somos ou podemos ser.

O complexo de vira-lata serve de operador teórico para uma reflexão sobre o Brasil. Ele nos coloca diante da pergunta acerca de quem somos ou podemos ser como sujeitos psíquicos, morais e éticos. O que pode significar ser brasileiro ou tornar-se brasileiro é um problema real que precisamos analisar com atenção se quisermos transformar as condições nas quais se desenvolve nossa subjetividade, sempre capturada pelos processos do psicopoder, ou seja, os cálculos do poder sobre a linguagem e o sentimento do mundo.

O que está em jogo com o complexo de vira-lata é a ética, a estética e as relações intersubjetivas que formam o todo do nosso ser político. Em outras palavras, o complexo de vira-lata é um poderoso tema para uma análise psicopolítica que devemos empreender com urgência, considerando os cálculos que o poder vem fazendo sobre o que pensamos, sentimos e desejamos. Não esqueçamos que o psicopoder é o cálculo sobre a linguagem, a mentalidade e a sensibilidade que dela deriva e que visa a manter as pessoas subjugadas a um discurso e a uma afetividade dominantes sem que se possa perceber a dominação, pois tais discursos e afetividades se apresentam como se fossem o desejo e o raciocínio de cada um. Assim, o ódio implantado por estratégias midiáticas, pelos meios de produção da linguagem, é vivido pelas pessoas como se fosse natural, um sentimento próprio e, no entanto, em nível massivo é um sentimento implantado e cultivado artificialmente com fins políticos.

Podemos, portanto, usar a pergunta sobre o *ser brasileiro* em seu sentido ético, estético e político. Devemos, contudo, cuidar de posicioná-la analítica e criticamente, evitando a mistificação em que tal questão facilmente pode se inserir, a saber, a identificação com um Estado-Nação, por meio da qual sempre se pode cair em nacionalismos e seus perigosos derivados autoritários. Devemos evitar naturalizar o *ser brasileiro* e qualquer tipo de busca na direção de um caráter nacional.

Naturalizações são sempre perigosas, e é para ir além delas que existe a filosofia como qualificação e cuidado (também meta-analítico) do pensamento. Portanto, vamos partir para uma investigação filosófica acerca da imagem negativa que temos de nós mesmos. O complexo de vira-lata é uma formulação dessa imagem que, sendo ou não fantasia, merece atenção. O objetivo é tentar entender por que a negatividade se tornou marca ou tropo discursivo em relação ao país chamado Brasil e aos seus cidadãos. Partimos do pressuposto de que essa negatividade vem a ser um aspecto cultural detectado no exercício intuitivo-analítico da crônica de Nelson Rodrigues.

Muito já se escreveu e se disse sobre o complexo de vira-lata.[81] Meu objetivo, no entanto, é traçar uma linha estabelecendo nexos conceituais e teóricos na intenção de compreender o desenho desse complexo em relação a outros, como o de Édipo e suas formulações anticoloniais; o de Hamlet, forma moderna do Édipo freudiano; e também o de Colombo, formulação histórica mais recente, que tem relação direta com o complexo de vira-lata.

Assim, este livro procura atender tanto àqueles que estão preocupados em se entender com a alma brasileira quanto àqueles que se interessam por filosofia em diálogo com a psicanálise. Se há algum atrevimento neste trabalho, ele está na possibilidade de pensar, de teorizar sobre essas imagens ativas que são os complexos – de um modo geral, construídos a partir de imagens arquetípicas, históricas e literárias – e situar o complexo de

---

81. Remeto-me ao belo artigo de Marcelo Henrique Marques de Souza, "O complexo de vira-lata e o vira-lata complexo", no qual o autor faz uma leitura psicanalítica do tema. Complexo de vira-lata é metáfora para analisar as inibições brasileiras, tendo em vista o nacionalismo de Nelson Rodrigues.

vira-lata próximo a outro, anterior e mais amplo geopoliticamente, denominado complexo de Colombo, por meio do qual se poderá aprofundar o tema da relação entre o Brasil e a América Latina, bem como entre a América Latina e a Europa.

O complexo de vira-lata pode apontar para um problema narcísico dos brasileiros, mas isso não é a sua maior questão. Devemos enfrentar a tese de que ele constitui uma alegoria da colonização, do sentimento recalcado sobre a imagem que fazemos de nós mesmos. Ele fala, portanto, do modo de ser de sujeitos marcados pela colonização como matriz subjetiva.

Podemos tomar a formulação do complexo como uma intuição do escritor, o que ela não deixa de ser, mas que nos apresenta uma constelação sobre a qual devemos nos debruçar. Nessa constelação, vários fatores se sobrepõem uns aos outros em escalas diversas. Escolho neste momento, analisar e estabelecer algumas interpretações sobre a intuição rodrigueana. Nesse sentido, meu texto tem a característica do metacomentário,[82] mas

---

82. O que nos diz Jameson em seu *O inconsciente político* (pp. 10-11) pode nos ajudar aqui: "O inconsciente político, portanto, volta-se para a dinâmica do ato da interpretação e pressupõe, como sua ficção organizacional, que nunca realmente

também de um exercício de reflexão em aberto, cujo objetivo é convidar a pensar.

Portanto, levando a sério as palavras de Nelson Rodrigues, vamos elencar os fatores que no seu texto vêm compor o complexo de vira-lata:

- pessimismo obtuso e esperança frenética;
- otimismo inconfesso e envergonhado;
- pudor de acreditar em si mesmo ou falta de fé em si mesmo;
- humilhação nacional ou humildade espetacular;
- dor de cotovelo incurável;
- pânico da desilusão;
- inferioridade autopromovida perante o mundo ou "Deixar-se tratar por pontapés".

---

abordamos um texto de imediato, em todo o seu frescor como coisa-em-si mesma. Em vez disso, os textos se nos apresentam como o 'sempre-já-lido'; nós os apreendemos por meio de camadas sedimentadas de interpretações prévias, ou – se o texto é absolutamente novo – por meio de hábitos de leitura sedimentados e categorias desenvolvidas pelas tradições interpretativas de que somos herdeiros. Essa pressuposição, portanto, dita o emprego de um método (a que já denominei, em outra ocasião, de 'metacomentário') segundo o qual nosso objeto de estudo é menos o próprio texto do que as interpretações através das quais tentamos abordá-lo e dele nos apropriar."

Podemos resumir o complexo tal como proposto por Nelson Rodrigues nos sete tópicos citados. Todos estão interligados. Podemos dar um nome a essa classificação, vamos chamá-la de *Escala VL* (Escala Vira-Lata),[83] pela qual poderíamos passar a testes psicológicos, o que escapa ao objetivo deste trabalho de reflexão, envolvido em levantar e analisar a pertinência conceitual da hipótese do complexo de vira-lata.

Nesse sentido, seguiremos trabalhando com o metacomentário, o que, a meu ver, implica um texto aberto ao diálogo com outras interpretações possíveis, considerando que todo texto (no caso, o de Nelson Rodrigues) não é lido de imediato, mas é inevitavelmente mediado por muitas outras leituras. Não interessam neste momento números possíveis, trabalho que deixamos aos estatísticos que porventura possam se interessar por medir e comparar a incidência do referido complexo na vida de populações específicas. Meu propósito é que possamos pensar o complexo de vira-lata como uma alegoria e utilizar a escala sugerida a partir de sua leitu-

---

83. Faço alusão à Escala F, que consta do trabalho *A personalidade autoritária*, publicado por Adorno e um grupo de pesquisadores ligados à Teoria Crítica em 1950. Atualmente é publicado no Brasil pela editora da Unesp.

ra como uma constelação, ou seja, como uma estrutura inicial pela qual podemos perceber novos nexos ainda não estabelecidos.

Podemos então dar início à nossa reflexão acerca dos aspectos psicossociais de nossa cultura, aspectos que estão presentes na mentalidade brasileira compartilhada diariamente e que foi luminosamente percebida pelo dramaturgo e cronista que lhe deu um nome tão metafórico e indutivo, ou seja, que nos provoca a pensar.

## ESCALA VL

Passemos à análise dos fatores que compõem essa escala, tendo em vista o seu caráter alegórico, ou seja, como imagens que surgem no texto rodrigueano e que nos levam a pensar no que vivemos e fazemos uns com os outros. A leitora ou o leitor pode neste momento meditar sobre a pertinência ou o caráter alusivo desses fatores como elementos a serem considerados no momento em que nos perguntamos sobre quem somos ou como nos tornamos quem somos. Seria importante, não pular esta parte, mesmo que se discorde do seu conteúdo ou do seu método, porque na sequência do livro perceberemos que o abismo sobre o qual nos equilibramos pode ser ainda mais fundo, e toda teoria – mesmo que marcada por um aspecto quase lúdico – pode nos ajudar a lançar pontes para atravessá-lo.

## PESSIMISMO OBTUSO E ESPERANÇA FRENÉTICA

O pessimismo obtuso surge no texto como um primeiro aspecto do complexo de vira-lata. O pessimismo é muitas vezes confundido com a análise e a crítica da realidade, momento em que tanto o pessimismo quanto a crítica perdem seu sentido. Esse é um dos efeitos da obtusidade, como falta de reflexão e pouco conhecimento que leva a posturas não estudadas, e não compreendidas, que assumem valor de verdade absoluta e sem questionamento.

De um modo geral, o pessimismo é a tendência moral, intelectual ou afetiva a ver as coisas pelo seu pior lado. Ou seja, o pessimismo é o oposto da esperança. Contudo, no complexo de vira-lata, a esperança surge como uma oposição complementar a ele. Ela se dá, nas palavras de Nelson Rodrigues, em um nível "frenético", de alta intensidade. Nesse pêndulo, nessa tensão, o pessimismo mascara a esperança, e podemos dizer que a esperança mascara o pessimismo. Oscila entre um e outro até o estresse e a descrença. A descrença se transforma em comportamento generalizado porque não há um parâmetro a seguir. A falta de parâmetros, de patamares básicos sobre os quais construir visões de mundo, resulta em desnorteio e, como consequência, falta de ação. Inação e desespero são um outro par que surge nesse processo de tensões sem-fim que produzem e reproduzem estruturas em um círculo vicioso.

A maneira irracional como a população se comporta diante dos fatos científicos das mais diversas ciências, sejam humanas ou não, é um efeito da perda de parâmetro comum. O avanço das religiões substitui o raciocínio e a vida intelectual, que são vistos com maus olhos por exigirem parâmetros mais racionais de conduta. O pessimismo obtuso não combina com a ciência e o entendimento. Tampouco a esperança frenética, que é facilmente lançada sobre ídolos, sejam religiosos, esportivos, televisivos ou políticos.

A história da democracia brasileira está marcada por escolhas ruins em termos de política, como se os brasileiros fossem presas fáceis para todo tipo de charlatão que venha garantir a esperança frenética num processo de compensação emocional pela fé e que prometa salvação.

## OTIMISMO INCONFESSO E ENVERGONHADO

Por trás do pessimismo obtuso, ou seja, irrefletido e supersticioso, há um otimismo que não pode se mostrar. O ocultamento é um protocolo de etiqueta: ser ou parecer otimista pode desagradar aos outros e faria parte da performatividade comportamental. É como se o pessimismo conviesse mais ao ser social brasileiro. O mito do homem cordial,[84] evidentemente pela via negativa, não estaria tão errado neste caso, pois é possível que, na forma de ser da intersubjetividade brasileira, "estar na pior" e pensar o pior sejam mais palatáveis socialmente do que estar bem e parecer bem perante os demais.

---

84. *Homem cordial* é um conceito de Sérgio Buarque de Holanda desenvolvido em *Raízes do Brasil*, publicado pela primeira vez em 1936. O conceito é precário, pois naturaliza uma suposta característica e desconsidera as desigualdades de classes. Hoje em dia, depois da fascistização do Brasil, só se pode usar esse conceito com ironia.

Se Nelson Rodrigues tiver razão, devemos nos colocar a questão sobre o lugar do outro em nossa vida, afinal, quem tem vergonha tem o outro como objeto de temor ou de respeito. O cidadão envergonhado teme a reprovação do outro, que lhe aparece como um potencial inimigo. Há uma moral por trás disso. Se a moral é a forma da relação que instaura a convivência pacífica, cidadã e civilizada na esfera pública (sendo o moralismo a sua degeneração e a ética uma reflexão sobre a moral e um questionamento do moralismo), encontramos, de fato, na vergonha um aspecto importante da experiência coletiva. Se a vergonha é uma qualidade que revela senso moral, contudo, ela desaparece em tempos cínicos e autoritários.

A era da superexposição na internet e o advento das redes sociais vieram mudar o sentido da vergonha ou até mesmo eliminá-la, daí a ostentação fascista em nossa época. Hoje é a vergonha alheia que impera para aqueles que assistem ao espetáculo da capitalização do ridículo.[85]

---

85. TIBURI, Marcia. *Ridículo político*.

## PUDOR DE ACREDITAR EM SI MESMO OU FALTA DE FÉ EM SI MESMO

A falta de fé em si mesmo é efeito de um processo de subjetivação pelo qual não aprendemos que temos o direito de ser quem somos. A falta de fé, portanto, não é um efeito de superfície, mas um resultado da própria subjetivação. Aprendemos desde cedo que não existimos, o que acontece em um processo pedagógico negativo em que a falta de reconhecimento é a regra. A certeza de não existir advém de uma espécie de cogito cartesiano ao contrário. Se, com o seu *cogito, ergo sum*[86] (penso, logo existo), René Descartes alcança a certeza da existência, a falta de fé em si pode ser compreendida como a falta de um eu que pensa e que garante a existência desse eu, definindo também a sua ação.

A falta de fé é uma espécie de lacuna na qual o indivíduo não é contemplado pelo sujeito (o elemento que faz pensar). Alguém está aí como indivíduo, como corpo que ocupa lugar no espaço, mas é como se não existisse para si mesmo. Ora, só existimos para nós mesmos quando somos reconhecidos pelos outros. E, nesse

---

86. DESCARTES, René. *O discurso do método*.

ponto, a cultura da vergonha de si é justamente aquela na qual o reconhecimento não aconteceu. O reconhecimento implica ser objeto do conhecimento de um outro que responde ao reconhecido. Em palavras muito simples, reconhecimento significa ser respeitado em sua condição como pessoa e como cidadão, como sujeito de direitos. A função do reconhecimento é papel do Estado, das instituições, mas também do sujeito ético, infelizmente, cada vez mais raro entre nós. Na ausência do reconhecimento, temos a impressão de que não somos nada para nós mesmos e para os outros.

## HUMILHAÇÃO NACIONAL OU HUMILDADE ESPETACULAR

Gostaria de começar citando um evento particular por sua curiosidade. Há anos, meu pai, sentado na varanda da modesta casa que construiu com as próprias mãos, me disse: "Eu sou um homem humilhado." A frase dita de um modo tão explícito por uma pessoa tão silenciosa como esse homem aposentado depois de uma vida de trabalhos braçais, de impotências e escassez material, me obrigou a uma meditação sobre a humilhação que encontramos no complexo de vira-lata. Eu poderia não falar de meu pai, por vergonha de sua humildade, ou para simplesmente evitar aspectos pessoais em um texto que deve valer para muitos. Mas creio que nos fará bem, no bojo desta reflexão, que isso sirva de exemplo e que cada leitor e leitora pense nos seus próprios exemplos em relação ao tema da humilhação. Pois a humilhação é um fator fundamental no processo de subjetivação dos sujeitos trabalhadores, das mulheres, dos negros, dos colonizados.

Muitos descendentes de italianos que chegaram ao Brasil no final do século XVIII e se instauraram no sul desenvolveram histórias e narrativas familiares altamente compensatórias relacionadas às humilhações vividas. Em minha novela familiar, éramos descendentes de Vitório Emmanuele II e de uma condessa que se tornou freira. Verdade ou ficção, o fato é que essa história de nobreza ocultava uma condição bastarda que os fazia sofrer e que se tornou fantasia. Faltava aos meus antepassados a palavra.[87] A condição bastarda daquele que deveria ter sido nobre mas não foi, a condição do *injustiçado*, do

---

87. Levei minha própria novela familiar a sério e escrevi um romance que foi indicado ao prêmio Jabuti e ao Oceanos em 2013 chamado *Era meu esse rosto*, publicado pela editora Record em 2012.

*abandonado*, a orfandade, nos acompanhou para sempre. Ora, a bastardia é parte essencial da história de imigrantes e parte fundamental da história do Brasil.

Essa ausência de paternidade, de reconhecimento, atrás do qual há um profundo abandono, é um elemento comum a muitos sujeitos. Um *ter sido chutado* para fora da Europa constitui um trauma imprescritível e faz parte da história do *viralatismo* sulino. O mesmo, resguardadas as diferenças, talvez valha para quem é descendente dos sequestrados da África e escravizados no Brasil. Por caminhos diferentes, o efeito é sempre o mesmo, a humilhação.

A humilhação é a categoria que permite compreender as práticas de poder em todos os tempos. Mais especificamente, ela estabelece como o poder é instaurado e mantido a partir de uma lógica de hierarquização em que se erigem *superiores* por oposição a *inferiores*. Não há violência simbólica ou física sem humilhação e sem apequenamento. A humilhação é uma tecnologia do poder comum no paradigma do homem-branco-capitalista--heteronormativo que representa bem o espírito e a letra, a teoria e a prática do colonizador. Humilhados sobrevivem envergonhados ou tímidos no magma do ressentimento e da ofensa que não podem ser elaborados.

## DOR DE COTOVELO INCURÁVEL

A popular *dor de cotovelo* se refere a um sofrimento que é sintoma de abandono e rejeição. Na dor de cotovelo, sofremos em silêncio, como Ofélia que, depois de levar um fora de Hamlet sem entender por que, enlouquece e se suicida, ou como o jovem Werther, do romance de Goethe, que se mata por ter sido rejeitado, para citar exemplos relacionados a narrativas de amor.

Por que a chamada *dor de cotovelo* é tão pesada para algumas pessoas? Justamente porque, quando somos jovens, em geral nos falta a experiência subjetiva que se adquire no tempo. Somos sempre mais frágeis diante de novidades; somos menos duros para suportar inovações. Espera-se que o aprendizado para resistir à dor seja adquirido ao longo de uma vida de educação, de formação e de práticas enriquecedoras com outras pessoas e com as instituições que servem de apoio e proteção para enfrentar as frustrações – sejam elas narcísicas ou não. Contudo, essas experiências estão cada vez mais inacessíveis em um mundo de trocas puramente econômicas. Isso vale para a esfera da vida objetiva, mas também da vida subjetiva assediada diariamente pela publicidade e por processos de dessubjetivação promovidos pela indústria cultural capitalista.

A dor de cotovelo de que fala Nelson Rodrigues está ligada à noção de trauma, o evento subjetivamente catastrófico que provoca efeitos duradouros e que vem a constituir o sujeito na sua estrutura pessoal. Mas o trauma pode também ser uma experiência coletiva. A invasão das Américas e do Brasil pode ser analisada como trauma. A escravização é um trauma e, como é comum nos traumas, demorou muito a ser problematizada no Brasil. Apenas quando intelectuais negros começaram a ocupar as instituições acadêmicas, os meios de comunicação de massa e as redes sociais por meio da militância antirracista é que esse evento histórico de longa duração, e de efeitos nefastos para todo o país, passou a ser mais comentado e a sair da sua posição de recalque histórico.

Dor de cotovelo é uma expressão que pode ter um uso benéfico, dependendo do jogo no qual se dá, pois parece tirar o peso da seriedade que toda rejeição ou frustração carrega. Ela parece tornar a rejeição mais leve, mas pode também ser bastante depreciativa ao banalizar as derrotas, catástrofes e tragédias que atingem a vida de cada um. Nesse sentido, a *dor de cotovelo incurável* vai muito além do futebol, é provável que ela apenas retorne de modo espetacular após uma partida, mas que seja uma imagem pela qual podemos escrever a história das infelicidades profundas, inclusive de não sermos nem europeus e nem indígenas, como será visto adiante. A dor de cotovelo implica o ressentimento de tampouco ser *americano*, afinal, o Brasil tem praticamente a mesma idade que os Estados Unidos, mas um destino simbólico diferente.

O ressentimento é, portanto, uma marca profunda em nossa história que produz também muitos disfarces. Ressentimento é um conceito muito amplo que se tornou filosoficamente relevante a partir de Nietzsche, que o definiu como um autoenvenenamento por rancor que gera vingança.[88] Para Nietzsche, ele é um problema social, psicofisiológico, ou seja, algo que está arraigado na experiência profunda dos indivíduos em sua cultura.

O que Nietzsche dizia sobre os alemães antissemitas que ele criticava em sua época pode valer para nossa reflexão sobre os brasileiros agora. Não devemos esquecer que no sul o antissemitismo, o fascismo e até mesmo o

---

88. PASCHOAL, Antônio Edmilson. "As formas do ressentimento na filosofia de Nietzsche". In: *Philósophos 13*, pp. 11-33.

nazismo, tiveram seu momento áureo com o integralismo nos anos 1930.[89]

## PÂNICO DA DESILUSÃO

A ilusão é um estado emocional que foi transformado em mercadoria pelas igrejas e pela mídia do mercado neoliberal. Graças a essas corporações, os brasileiros se tornam mais religiosos a cada dia e, nesse sentido, mais e mais vítimas do capitalismo, ele mesmo uma religião.[90] Seja a fantasia de ser o melhor do futebol, de ser nobre, seja a fantasia do reino de Deus, ou a fantasia de se tornar rico, fato é que a ilusão move o desejo, e administrá-la é sempre um grande negócio.

Desiludir-se é o que há de mais trágico para quem vive fora da realidade. Mas o que é a realidade? Seria a realidade uma verdade? Por que a ilusão é um valor maior que a realidade e a verdade? Dessas questões, pode-se dizer que a realidade é um peso, e a ilusão soa,

---

89. Sobre o tema, sugiro o documentário *Anauê! O integralismo e o nazismo na região de Blumenau*, do cineasta Zeca Pires, 2017, disponível no YouTube.
90. BENJAMIN, Walter. *Capitalismo como religião*.

para o iludido, como um caminho. A verdade que desmascara as ilusões é antipática. Muitas vezes, ela é interpretada como o que se deve evitar, e as instituições que trabalham com esse jogo tendem a se fortalecer.

Mas isso implica construir uma sociedade sem ética e com uma forma política conspurcada, que, a todo momento, parece negar a política. O pânico da desilusão é efeito de uma infantilidade, de uma evolução psicossocial e psicopolítica que não se completou. O ódio e o desprezo à política têm relação direta com as desilusões que a política e o governo produzem na população. Ao mesmo tempo, é na política que a esperança frenética irá sempre aparecer em épocas de campanha, e o povo, ignorante politicamente, cairá em todas as armadilhas que lhe forem sugeridas, já que se iludir é um prazer para quem não pode se realizar.

## INFERIORIDADE AUTOPROMOVIDA PERANTE O MUNDO OU *DEIXAR-SE TRATAR POR PONTAPÉS*

*Deixar-se tratar por pontapés* é uma imagem do masoquismo, mas com Freud a hipótese de que o masoquismo não acontece sozinho deve ser levada a sério.

O masoquismo como desejo de ser humilhado implica também o desejo de humilhar. O sadomasoquismo é uma das características das sociedades fascistas, organizadas de maneira hierárquica. Ser inferior é o prazer do masoquista perante o sádico que o submete.

Segundo Adorno, a frase de Hitler "responsabilidade para com os de cima, autoridade para com os de baixo" é a fórmula do sadomasoquismo.[91] A submissão ao líder autoritário implica posicionar-se como um ser inferior, mas, ao mesmo tempo, construir a lógica da inferioridade pela produção de um salvador de um lado e de um inimigo do outro. Há, portanto, uma compensação psicossocial no sadomasoquismo.

Na Alemanha, o sentimento de inferioridade em relação à Europa estava em cena desde a assinatura do Tratado de Versalhes, em 1919, pelo qual o povo alemão se sentiu humilhado devido às inúmeras imposições que, por fim, contribuíram para a queda da República de Weimar em 1933 e a ascensão do nazismo.

O desejo por uma autoridade forte surge nesses momentos de baixa autoestima. A autoridade forte se propõe ser a salvadora da pátria, que vem socorrer os

---

91. ADORNO, Theodor. *A psicanálise da adesão ao fascismo*.

miseráveis, aqueles que se sentem ou são vitimados e que, na sua condição de ofendidos nem sempre sabem lutar ou podem lutar por si mesmos. A autoridade que instaura a hierarquia é adorada e necessária nesse sistema de compensação. Ficar sem a autoridade implica perder-se e apavorar-se. A perda da autoridade seria, segundo Adorno,[92] uma das condições do pavor sadomasoquista. A autoridade tem, portanto, a função de proteger os vitimados do pavor.

Em Freud, o pavor é o estado no qual alguém se encontra quando não está preparado para uma determinada experiência. A preparação para o pavor é alcançada por meio da experiência do pavor. Os exercícios rituais e estéticos e as obras de arte nos ensinam a conviver com o que nos apavora. Porém, o exercício estético pode também ser mimético. Às vezes é preciso assimilar-se ao pavor. Um exemplo disso, é a atitude masoquista de eleitores que votam em seus algozes em potencial. Se sou pobre e voto em um capitalista, se sou negro e voto em um racista, se sou mulher e voto em um machista e assim por diante. Pessoas se autopromovem à condição

---

92. ADORNO, Theodor. "Educação após Auschwitz". In: *Educação e emancipação*.

de seres inferiores e inferiorizados, muitas vezes porque acreditam que estão em posições superiores.

A assimilação aos algozes é uma das astúcias inconscientes com que se tenta escapar do próprio perseguidor. Idêntico aos animais que se mimetizam para escapar de seus predadores, muitas vezes tentando parecer o próprio predador, os seres humanos também se mimetizam social e antropologicamente em uma estratégia de sobrevivência. Aquele que simula a violência do seu opressor não está querendo se parecer com ele gratuitamente.

Nesse momento, tendo os tópicos enumerados como sinais, como estrelas em uma constelação, podemos passar aos outros pontos da nossa travessia conceitual. Tais tópicos também nos servem de espelho diante do qual interrogamos e somos interrogados e desafiados a pensar. Demos um primeiro passo na tentativa de uma autocompreensão do complexo de vira-lata.

De todas as colocações feitas, uma pergunta sobressai obrigatoriamente: por que nos deixamos humilhar? Essa questão exige a faculdade de compreender a situação em que a humilhação se dá. O cenário é o do nosso encontro com o outro. Não há, é evidente, humilhação sem hierarquia. E não há hierarquia sem divisão. Nos processos de divisão, uns se colocam como superiores aos outros, que são transformados em inferiores. A figura do *inimigo* nos populismos, ou em grupos autoritários em geral, tem a função primordial de estabelecer uma identidade grupal a partir de algo ou alguém a ser combatido. Umberto Eco fala do sistema de valores que surge nesse processo de medir-se com o inimigo, de produzi-lo e demonizá-lo.[93] A mulher, o negro, o pobre, o judeu, as pessoas com hanseníase, o herege e o comunista são figuras demonizadas e assim, transformadas em inimigos. Os inimigos também servem para catalisar ressentimentos e afetos negativos em geral e, assim, permitir a vingança. O contrário da inimizade produzida politicamente não é a amizade e o consenso, mas o reconhecimento.

O complexo de vira-lata não será superado por nenhum tipo de esforço de autoconhecimento, mas apenas de reconhecimento, pois a causa desse problema não está em uma subjetividade isolada, mas em um modo de relacionar-se com o outro, ou seja, em uma intersubjetividade construída. Mas como é possível produzir o

---

93. ECO, Umberto. *Construir o inimigo e outros ensaios ocasionais.*

reconhecimento quando estamos envoltos em processos de divisão em que a guerra de todos contra todos está autorizada e demandada em jogos de poder? Quando o inimigo parece mais importante do que o irmão, o que podemos fazer?

A carência de reflexão de nossa sociedade produz um tipo de coletividade extasiada, aprisionada em ideias prontas e cenas espetaculares que se apresentam como verdades expostas por líderes espetaculares em diversas escalas. Há algo em comum entre a performance do apresentador do *Jornal Nacional* e o presidente da república. Todos participam da inimizade[94] que é a forma promissora de fazer política destruindo-a.

---

94. MBEMBE, Achille. *Políticas da inimizade*.

# CONCLUSÃO

O sequestro da subjetividade, de nossa capacidade de pensar, sentir e agir, foi tão bem-preparado que se torna cada vez mais difícil produzir consciência e adesão à luta contrária à dominação. Mas esse é justamente o nosso desafio. Diante da guerra psicológica e cultural contra quem defende a democracia e nossos direitos, precisamos reforçar a luta.

Com esse espírito é que este pequeno livro foi escrito. Para nos colocar diante de um dos fatores mais fortes dos processos de dominação e poder enfrentá-lo com lucidez. A humilhação é a mais básica tecnologia política de todos os tempos. Ela se tornou parte dos jogos de intersubjetivação que vivemos no dia a dia. É preciso vencer a humilhação não apenas saindo, mas interrompendo seu circuito. Impedindo que os processos que levaram ao sucesso da colonização continuem entre nós.

A hipnose colonial precisa ser vencida. As falsas identidades que pesam sobre nós precisam ser superadas cancelando assim o continuum de destruição e dor no qual fomos capturados. O jogo da intersubjetivação para o reconhecimento como compreensão de si e compreensão do outro, é o que vem sendo destruído, mas devemos recriá-lo a cada dia em todos os nossos gestos, subjetivos e objetivos, privados e públicos, éticos e políticos.

Os poderes econômicos em aliança com poderes políticos capturam mentalidades previamente esvaziadas em violentos processos de dessubjetivação. Os tentáculos tecnológicos da mídia e das redes sociais se estendem na direção das consciências e massas inteiras de pessoas se deixam capturar docilmente. A grande maioria está submetida, de cabeça baixa. Ao mesmo tempo, nas redes sociais, uns gritam palavras de ódio tentando demonstrar valentia. Ora, a valentia fascista que ameaça e intimida o outro é efeito do complexo de vira-lata.

O adoecimento do contato vivido em nossa época não nasceu em nosso coração. Ele é efeito de um envenenamento social produzido por agentes do poder, por manipuladores profissionais e seus seguidores imbecilizados. As pessoas estão no meio de um sintoma e pouco sabem sobre suas causas mais profundas, aquelas que se estabelecem nas bases do desejo manipulado no coletivo. Conhecer a si mesmo assume uma outra conotação nesse momento. Esse é o caminho da luta que nos dá dignidade e reconstrói o sentido da vida.

# REFERÊNCIAS BIBLIOGRÁFICAS

ADORNO, Theodor; HORKHEIMER, Max. *Dialética do esclarecimento*. Rio de Janeiro: Jorge Zahar, 1984.

_____. *A psicanálise da adesão ao fascismo*. Trad. Gustavo Pedroso. Disponível em: <https://blogdaboitempo.com.br/2018/10/25/adorno-a-psicanalise-da-adesao-ao-fascismo/>.

_____. "Educação após Auschwitz". In: *Educação e emancipação*. Trad. Wolfgang Leo Maar. Rio de Janeiro: Paz e Terra, 2020.

_____. *A personalidade autoritária*. São Paulo: Unesp, 2019.

_____. *Aspekte des neuen Rechts-Radikalismus*. Frankfurt: Suhrkamp, 2019.

AGAMBEN, Giorgio. *Infanzia e storia. Distruzione dell'esperienza e origine della storia*. Milão: Einaudi, 2001.

ALBORNOZ, Nicolás Sánchez *et al*. *La población de América Latina*. Buenos Aires: Paidós, 1968.

ARENDT, Hannah. *Eichmann em Jerusalém*. São Paulo: Companhia das Letras, 1999.

ARANTES, Paulo. *Extinção*. São Paulo: Boitempo, 2007.

AUERBACH, Erich. *Figura*. São Paulo: Macula, 1997.

BEAUVOIR, Simone. *Le dèuxieme sexe. Tomos I e II*. Paris: Gallimard, 2007.

BENJAMIN, Walter. "Onirokitsch: glosa sobre o surrealismo". In: *Revista USP*, n. 33, 1997, pp. 187-189. Disponível em: <https://doi.org/10.11606/issn.2316-9036.v0i33p187-189>.

_____. *Ursprung des deutschen Trauerspiels*. Frankfurt: Suhrkamp, 1980.

_____. *Origem do drama barroco alemão*. São Paulo: Autêntica, 2011.

_____. *Capitalismo como religião*. Trad. Nélio Schneider. São Paulo: Boitempo, 2013.

BLOOM, Harold. *Hamlet, poema ilimitado*. Trad. José R. O'shea. Rio de Janeiro: Objetiva, 2004.

BOURDIEU, Pierre. *Sur l'État. Cours au Collège de France (1989-1992)*. Paris: Raisons d'Agir/Seuil, 2012.

BUTLER, Judith. *Antigone's Claim*. Nova York: Columbia University Press, 2002.

CASARA, Rubens R R. *Estado pós-democrático: neo-obscurantismo e gestão dos indesejáveis*. Rio de Janeiro: Civilização Brasileira, 2017.

COLOMBO, Cristóvão. *Relaciones y Cartas de Cristóbal Colón*. Madri: Libreria de la viuda de Hernando Y. C., 1892.

CORTINA, Adela. *Aporofobia, a aversão ao pobre: um desafio para a democracia*. São Paulo: Contracorrente, 2020.

CUSICANQUI, Silvia Rivera. *Ch'ixinakax utxiwa: una reflexión sobre prácticas y discursos descolonizadores*. Buenos Aires: Tinta Limón, 2010.

DERRIDA, Jacques. *Mal de arquivo*. Rio de Janeiro: Relume-Dumará, 2000.

_____. *Khora*. Paris: Galilée, 2006.

_____. *Força de lei*. São Paulo: Martins Fontes, 2010.

DESCARTES, René. *O discurso do método*. São Paulo: Martins Fontes, 2009.

DOSTOIÉVSKI, Fiódor. *Humilhados e ofendidos*. São Paulo: Companhia das Letras, 2013.

DOWBOR, Ladislau. *A era do capital improdutivo*: a nova arquitetura do poder sob dominação financeira, sequestro da democracia e destruição do planeta. São Paulo: Autonomia Literária, 2017.

DUMOULIÉ, Camille. *La Fabrique du sujet. Histoire et poétique d'un concept*. Paris: Desjonquères, 2011.

DUSSEL, Enrique. *Filosofia da libertação*. São Paulo: Loyola/Piracicaba: Unimep, 1977.

_____. "Pour un dialogue mondial entre traditions philosophiques". In: *Cahiers des Amériques latines n. 62 – Philosophie de la libération et tournant décolonial*. Disponível em: < https://www.enriquedussel.com/cahiers%20des%20ameriques.pdf>.

DUSSEL, Enrique; MENDIETA, Eduardo; BOHÓRQUEZ, Carmen. *El pensamiento filosófico latinoamericano, del Caribe y "latino"*

[1300-2000]. *Historias, corrientes, temas y filósofos*. México: Siglo XXI Editores. Livre numerique, 2011.

ECO, Umberto. *Construir o inimigo e outros ensaios ocasionais*. Lisboa: Gradiva, 2011.

ESCALANTE, Emilio Del Valle. "Self-Determination: A Perspective from Abya Yala". In: MCGLINCHEY, Stephen. In: *International Relations. E-International Relations*, 2014. Disponível em: <https://www.e-ir.info/2014/05/20/self-determination-a-perspective-from-abya-yala/>.

ESTERMANN, Josef. *Filosofía andina. sabidoría indígena para un mundo nuevo*. 2ª ed. La Paz: Iseat, 2006.

FEDERICI, SILVIA. *Calibã e a bruxa. Mulheres, corpo e acumulação primitiva*. Trad. Coletivo Sicorax. São Paulo: Elefante, 2017.

FEDERICI, Silvia. "O feminismo e as políticas do comum em uma era de acumulação primitiva". In: MORENO, Renata (org.). *Feminismo, economia e política: debates para a construção da igualdade e autonomia das mulheres*. São Paulo: SOF Sempreviva Organização Feminista, 2014. Disponível em: <http://www.sof.org.br/wpcontent/uploads/2015/08/Economia-e-poli%CC%81tica-web.pdf>.

FREUD, Sigmund. "La disparition du complexe d'Œdipe". *In: La vie sexuelle*. Paris: Puf, 1969 XVII, 1992.

_____. *Delírios e sonhos na Gradiva de Jensen*. Rio de Janeiro: Imago, 1997.

_____. *DieTraumdeutung*. Frankfurt: S. Fischer, 1999.

_____. "Trauer und Melancholie". In: *Werke aus den Jahren 1913-
-1917*. Frankfurt S. Fischer, 2010

_____. *Massenpsychologie und Ich-Analyse*. Disponível em: <https://www.gutenberg.org/files/30843/30843-0.txt>.

GEBARA, Ivone. *Intuiciones ecofeministas*. Madri: Trotta, 2000.

GODDARD, Jean-Christophe. *Brasileiro, negão e sebento. Brésilien, Noir et rasseux*. São Paulo: n-1 edições, 2017.

GONZALEZ, Lélia. "A categoria político-cultural de amefricanidade". In: *Tempo Brasileiro*. Rio de Janeiro, n. 92/93 (jan./jun.), 1988b, pp. 69-82.

GRÜNER, Eduardo. "Estamos todos malucos... O sujeito moderno e a falha geológica". In: *Cadernos Espinosanos XVII*, 2007.

GUIMARÃES Rosa, João. *Grande Sertão: Veredas*. São Paulo: Companhia das Letras, 2019.

HAIDU, Peter. *The Subject Medieval/Modern. Text and Governance in the Middle Ages*. Califórnia: Stanford University Press, 2003.

HEGEL, G.W.F. *Fenomenologia do espírito*. Trad. Paulo Meneses. Petrópolis: Vozes, 1992.

HOLANDA, Sérgio Buarque de. *Raízes do Brasil*. São Paulo: Companhia das Letras, 2015.

IANNI, Octavio. "Neoliberalismo e nazifascismo". In: *Crítica Marxista*. São Paulo Xamã, v. 1, n. 7, 1998, p. 112-120.

JAMESON. Frederic. *O inconsciente político: a narrativa como ato socialmente simbólico*. São Paulo: Ática, 1992.

KAFKA, Franz. *O veredicto / Na colônia penal*. Trad. Modesto Carone. São Paulo: Companhia das Letras, 2011.

KOJÈVE, Alexandre. *Introduction à la lecture de Hegel*. Paris: Gallimard, 1947.

KRISTEVA, Julia. *Revolution in poetic language*. Nova York: Columbia University Press, 1984.

LACAN, Jacques. *Le Seminaire. Livre VI. Le désir et son interprétation*. Paris: Éditions de La Martinière e Le Champ Freudien, 2013.

LAS CASAS, Bartolomeu de. *Brevísima relación de la destrucción de las Índias*. Edição de José Miguel Martínez Torrejón. Disponível em: <http://www.cervantesvirtual.com/obra-visor/brevsima-relacin-de-la-destruccin-de-las-indias-0/html/847e3bed-827e-4ca7-bb80-fdcde7ac955e_18.html>.

LAVAL, Christian; DARDOT, Pierre. *Común: ensayo sobre la revolución en el siglo XXI*. Barcelona: Gedisa, 2016.

MASSON, Jeffrey Moussaieff. *A correspondência completa de Sigmund Freud para Wilhelm Fliess, 1887-1904*. Jeffrey Moussaieff Masson (org.). Rio de Janeiro: Imago, 1986.

MATTOS, Cláudia Valladão de. "Arquivos da memória: Aby Warburg, a história da arte e a arte contemporânea." In: *II Encontro de História da Arte* IFCH-Unicamp, 27/29 de março de 2006.

MBEMBE, Achille. *Políticas da inimizade*. Trad. Marta Lança. Lisboa: Antígona, 2017.

MELMAN, Charles. "O complexo de Colombo". In: *Um inconsciente pós-colonial. Se é que ele existe.* Trad. Luiz Alberto de farias. Porto Alegre: Artes e Ofícios, 2000.

MEMMI, Albert. *Portrait du colonisé precedé de portrait du colonisateur.* Paris: Gallimard, 1957.

MONTAIGNE. Michel de. *Ensaios, livro 3.* São Paulo: Martins Fontes, 2001.

MOREIRA, Jaqueline de Oliveira. "Édipo em Freud: movimento de uma teoria". In: *Psicologia em Estudo,* Maringá, v. 9, n. 2, pp. 219-227, maio/ago. de 2004. Disponível em: <http://www.scielo.br/pdf/pe/v9n2/v9n2a08>.

MOUFFE, Chantal. *Agonistics. Thinking the World Politically.* Londres Verso, 2013.

NEGRI, Antonio. *Bem-estar comum.* São Paulo: Record, 2016.

ORTIGUES, Marie-Cécile; ORTIGUES, Edmond. *Œdipe africain.* Paris: L'Harmattan, 2000.

PASCHOAL, Antônio Edmilson. "As formas do ressentimento na filosofia de Nietzsche". In: *Philósophos 13.* v. 1, jan.-jun. de 2008, pp. 11-33. Disponível em: <file:///Users/marciatiburi/Downloads/7961-Texto%20do%20artigo-32481-1-10-20091224.pdf>.

PIEDADE, Vilma. *Dororidade.* São Paulo: ed. Nós, 2018.

PIRES, Zeca Nunes. *Anauê! O integralismo e o nazismo na região de Blumenau.* Documentário, longa metragem, 2015.

PINO, Alberto del. Enciclopedia ilustrada del Perú. V8. Lima: Peisa, 2001.

PLÍNIO, O Velho. Historia natural. Livro XXXV. Madri: Cátedra, [s.d.]

POWER, Samantha. *Genocídio. A retórica americana em questão*. Trad. Laura Motta. São Paulo: Companhia das Letras, 2004.

RETAMAR, Roberto Fernández. Pensamiento anticolonial de nuestra América. Prólogo de Aurelio Alonso. Buenos Aires: Clacso, 2016. Disponível em: <http://biblioteca.clacso.edu.ar/clacso/se/20161205030452/PensamientoAnticolonial.pdf>.

RODRIGUES, Nelson. *À sombra das chuteiras imortais*. São Paulo: Companhia das Letras, 1993.

ROSENBLAT, Ángel. *La población indígena y el mestizaje en América*, tomo 1, Buenos Aires, Ed. Nova, 1954.

SAID, Edward. W. *Orientalismo: o Oriente como invenção do Ocidente*. Trad. Tomás Rosa Bueno. São Paulo: Companhia das Letras, 1990.

SHIVA, Vandana. *Monoculturas da mente: perspectivas da biodiversidade e da biotecnologia*. São Paulo: Gaia, 2003.

SOUZA, Marcelo Henrique Marques de. "*O complexo de vira-lata e o vira-lata complexo*". Disponível em: <http://www.tranz.org.br/8_edicao/TranZ13-Marcelo-Formatado.pdf>.

SOUZA, Mauricio Rodrigues de. "A psicanálise e o complexo de Édipo: (novas) observações a partir de Hamlet". In: *Psicologia USP*,

n. 17 (2), 2006, pp. 135-155. Disponível em: <http://www.scielo.br/pdf/pusp/v17n2/v17n2a07.pdf>.

TAYLOR, Charles. *Argumentos filosóficos*. São Paulo: Loyola, 1994.

TIBURI, Marcia. *Olho de vidro: a televisão e o estado de exceção da imagem*. Rio de Janeiro: Record, 2011.

_____. *Era meu esse rosto*. Rio de Janeiro: Record, 2012.

_____. *Filosofia prática: ética, vida cotidiana, vida virtual*. Rio de Janeiro: Record, 2014.

_____. *Ridículo político*. Rio de Janeiro: Record, 2017.

_____. "The Functionality of gender Ideology in the Brazilian Political and Economics Context". In: *Spite of You: Bolsonaro and the New Brazilian Resistance*. No Books, 2018. Versão em português disponível em: <https://nuso.org/articulo/funcionalidade-da-ideologia-de-genero-no-contexto-politico-e-economico-brasileiro/>.

_____. *Delírio do poder*. Rio de Janeiro: Record, 2019.

_____. *Como derrotar o turbotecnomachonazifascismo. Ou seja lá o nome que se queira dar ao mal que devemos superar*. Rio de Janeiro: Record, 2020.

TODOROV, Tzvetan. *La conquête de l'Amérique: la question de l'autre*. Paris: Seuil, 1982.

_____. *A conquista da América: a questão do outro*. Trad. Beatriz Perrone-Moisés. São Paulo: Martins Fontes, 2003, p. 38.

VALMORE, Simonne Henry. "L'Œdipe antillais: les avatars du sujet." In: *Séminaire de Psychanalyse 2006-2007*, n. 12. Nice: Université de Nice Sophia-Antipolis e Association d'Études de Freud et de Lacan. Disponível em: <http://www.gnipl.fr/pdf_actes_sem12/Les%20avatars%20du%20sujet%202006%202007.pdf>.

_____. *Dieux en exil, Voyage dans la magie antillaise*. Paris: Gallimard, 1988.

VIVÈS, Jean-Michel. "Personnages psychopathiques à la scène: un essai freudien de technique psychanalytique". In: *La Psychanalyse (sur)prise par l'art – Cliniques Méditerranéennes*, 2009/2 (n. 80). Disponível em: <https://www.cairn.inforevue-cliniques-mediterraneennes-2009-2-page-219.htm>.

Este livro foi composto na tipografia Minion Pro,
em corpo 11/16, e impresso em papel off-white
no Sistema Digital Instant Duplex da
Divisão Gráfica da Distribuidora Record.